TRANZLATY

Sprache ist für alle da

语言属于每个人

Das Kommunistische Manifest

共产党宣言

Karl Marx
&
Friedrich Engels

Deutsch / 普通话

Published by Tranzlaty
ISBN: 978-1-80572-324-0
Original text by Karl Marx and Friedrich Engels
The Communist Manifesto
First published in 1848
www.tranzlaty.com

Einleitung
介绍

Ein Gespenst geht um in Europa – das Gespenst des Kommunismus

一个幽灵正在困扰着欧洲——共产主义的幽灵

Alle Mächte des alten Europa sind eine heilige Allianz eingegangen, um dieses Gespenst auszutreiben

旧欧洲的所有大国都结成了神圣的联盟，以驱除这个幽灵

Papst und Zaren, Metternich und Guizot, französische Radikale und deutsche Polizeispione

教皇和沙皇，梅特涅和吉佐，法国激进分子和德国警察间谍

Wo ist die Oppositionspartei, die von ihren Gegnern an der Macht nicht als kommunistisch verschrien wurde?

没有被执政对手谴责为共产主义的反对党在哪里？

Wo ist die Opposition, die nicht den Brandvorwurf des Kommunismus gegen die fortgeschritteneren Oppositionsparteien zurückgeschleudert hat?

没有反击共产主义的烙印指责，反对更先进的反对党的反对派在哪里？

Und wo ist die Partei, die den Vorwurf nicht gegen ihre reaktionären Gegner erhoben hat?

没有对其反动对手提出指控的政党在哪里？

Aus dieser Tatsache ergeben sich zweierlei

这一事实导致了两件事

I. Der Kommunismus wird bereits von allen europäischen Mächten als eine Macht anerkannt

一、所有欧洲列强都承认共产主义本身就是一个大国

II. Es ist höchste Zeit, dass die Kommunisten ihre Ansichten, Ziele und Tendenzen offen vor der ganzen Welt offenlegen

二、现在是共产党人当着全世界的面公开发表自己的观点、宗旨和倾向的时候了

sie müssen diesem Kindermärchen vom Gespenst des Kommunismus mit einem Manifest der Partei selbst begegnen

他们必须用党本身的宣言来迎接这个共产主义幽灵的童话故事

Zu diesem Zweck haben sich Kommunisten verschiedener Nationalitäten in London versammelt und folgendes Manifest entworfen

为此，各民族的共产党人聚集在伦敦，草拟了以下宣言

Dieses Manifest wird in deutscher, englischer, französischer, italienischer, flämischer und dänischer Sprache veröffentlicht

该宣言将以英文、法文、德文、意大利文、佛兰芒文和丹麦文出版

Und jetzt soll es in allen Sprachen veröffentlicht werden, die Tranzlaty anbietet

现在，它将以 Tranzlaty 提供的所有语言出版

Bourgeois und Proletarier
资产阶级和无产者

Die Geschichte aller bisherigen Gesellschaften ist die Geschichte der Klassenkämpfe
迄今为止所有现存社会的历史都是阶级斗争的历史

Freier und Sklave, Patrizier und Plebejer, Herr und Leibeigener, Zunftmeister und Geselle
自由人与奴隶，贵族与平民，领主与农奴，行会主与工匠

mit einem Wort, Unterdrücker und Unterdrückte
一句话，压迫者和被压迫者

Diese sozialen Klassen standen in ständiger Opposition zueinander
这些社会阶层不断相互对立

Sie führten einen ununterbrochenen Kampf. Jetzt versteckt, jetzt offen
他们进行了不间断的战斗。现在隐藏，现在打开

Ein Kampf, der entweder in einer revolutionären Rekonstitution der Gesellschaft als Ganzes endete
这场斗争要么以整个社会的革命性重建而告终

oder ein Kampf, der im gemeinsamen Ruin der streitenden Klassen endete
或者是一场以相互竞争的阶级共同毁灭而告终的斗争

Blicken wir zurück auf die früheren Epochen der Geschichte
让我们回顾一下历史的早期时代

Wir finden fast überall eine komplizierte Einteilung der Gesellschaft in verschiedene Ordnungen
我们几乎到处都发现社会的复杂安排，分为各种秩序

Es gab schon immer eine mannigfaltige Abstufung des sozialen Ranges
社会等级一直存在多种等级

Im alten Rom gibt es Patrizier, Ritter, Plebejer, Sklaven
在古罗马，我们有贵族、骑士、平民、奴隶

im Mittelalter: Feudalherren, Vasallen, Zunftmeister, Gesellen, Lehrlinge, Leibeigene
中世纪：封建领主、附庸、行会大师、工匠、学徒、农奴

In fast allen diesen Klassen sind wiederum untergeordnete Abstufungen

在几乎所有这些类别中，同样是从属等级

Die moderne Bourgeoisie Gesellschaft ist aus den Trümmern der feudalen Gesellschaft hervorgegangen

现代资产阶级社会是从封建社会的废墟中萌芽出来的

Aber diese neue Gesellschaftsordnung hat die Klassengegensätze nicht beseitigt

但这种新的社会秩序并没有消除阶级对立

Sie hat nur neue Klassen und neue Unterdrückungsbedingungen geschaffen

它只是建立了新的阶级和新的压迫条件

Sie hat neue Formen des Kampfes an die Stelle der alten gesetzt

它建立了新的斗争形式来取代旧的斗争形式

Die Epoche, in der wir uns befinden, weist jedoch eine Besonderheit auf

然而，我们所处的时代具有一个鲜明的特征

die Epoche der Bourgeoisie hat die Klassengegensätze vereinfacht

资产阶级时代简化了阶级对立

Die Gesellschaft als Ganzes spaltet sich mehr und mehr in zwei große feindliche Lager

整个社会越来越分裂成两大敌对阵营

zwei große soziale Klassen, die sich direkt gegenüberstehen: Bourgeoisie und Proletariat

两个直接对立的大社会阶级：资产阶级和无产阶级

Aus den Leibeigenen des Mittelalters gingen die Bürger der ersten Städte hervor

从中世纪的农奴中涌现出最早城镇的特许市民

Aus diesen Bürgern entwickelten sich die ersten Elemente der Bourgeoisie

从这些市民那里发展了资产阶级的第一批元素

Die Entdeckung Amerikas und die Umrundung des Kaps

美洲的发现和开普敦的四舍五入

diese Ereignisse eröffneten der aufstrebenden Bourgeoisie neues Terrain

这些事件为崛起的资产阶级开辟了新天地

Die ostindischen und chinesischen Märkte, die Kolonisierung Amerikas, der Handel mit den Kolonien

东印度和中国市场，美洲的殖民化，与殖民地的贸易

die Vermehrung der Tauschmittel und der Waren überhaupt

交换资料和一般商品的增加

Diese Ereignisse gaben dem Handel, der Schiffahrt und der Industrie einen nie gekannten Impuls

这些事件给商业、航海和工业带来了前所未有的推动力

Sie gab dem revolutionären Element in der wankenden feudalen Gesellschaft eine rasche Entwicklung

它使摇摇欲坠的封建社会的革命因素迅速发展

Geschlossene Zünfte hatten das feudale System der industriellen Produktion monopolisiert

封闭的行会垄断了封建的工业生产体系

Doch das reichte den wachsenden Bedürfnissen der neuen Märkte nicht mehr aus

但这已经不足以满足新市场日益增长的需求

Das Manufaktursystem trat an die Stelle des feudalen Systems der Industrie

制造体系取代了封建工业体系

Die Zunftmeister wurden vom produzierenden Bürgertum auf die Seite gedrängt

行会会长被制造业中产阶级推到一边

Die Arbeitsteilung zwischen den verschiedenen korporativen Innungen verschwand

不同公司行会之间的分工消失了

Die Arbeitsteilung durchdrang jede einzelne Werkstatt

劳动分工渗透到每个车间

In der Zwischenzeit wuchsen die Märkte immer weiter und die Nachfrage stieg immer weiter

与此同时，市场不断增长，需求不断上升

Selbst Fabriken reichten nicht mehr aus, um den Anforderungen gerecht zu werden

即使是工厂也不再足以满足需求

Daraufhin revolutionierten Dampf und Maschinen die industrielle Produktion

因此，蒸汽和机械彻底改变了工业生产

An die Stelle der Manufaktur trat der Riese, die moderne Industrie

制造地点被巨大的现代工业所取代

An die Stelle des industriellen Mittelstandes traten industrielle Millionäre

工业中产阶级的位置被工业百万富翁取代

an die Stelle der Führer ganzer Industriearmeen trat die moderne Bourgeoisie

整个工业军队的领导人的位置被现代资产阶级所取代

die Entdeckung Amerikas ebnete der modernen Industrie den Weg zur Etablierung des Weltmarktes

美洲的发现为现代工业建立世界市场铺平了道路

Dieser Markt gab dem Handel, der Schifffahrt und der Kommunikation auf dem Landweg eine ungeheure Entwicklung

这个市场为陆路商业、航海和通信带来了巨大的发展

Diese Entwicklung hat seinerzeit auf die Ausdehnung der Industrie reagiert

在当时，这种发展对工业的扩展做出了反应

Sie reagierte in dem Maße, wie sich die Industrie ausbreitete, und wie sich Handel, Schifffahrt und Eisenbahn ausdehnten

它的反应与工业如何扩展以及商业、航海和铁路如何扩展成正比

in demselben Maße, in dem sich die Bourgeoisie entwickelte, vermehrte sie ihr Kapital

按照资产阶级发展的比例，他们增加了资本

und das Bourgeoisie drängte jede aus dem Mittelalter überlieferte Klasse in den Hintergrund

资产阶级将中世纪流传下来的每一个阶级都推到了幕后

daher ist die moderne Bourgeoisie selbst das Produkt eines langen Entwicklungsganges

因此，现代资产阶级本身就是长期发展过程的产物

Wir sehen, dass es sich um eine Reihe von Revolutionen in der Produktions- und Tauschweise handelt

我们看到，这是生产方式和交换方式的一系列革命

Jeder Schritt der Bourgeoisie Entwicklung ging mit einem entsprechenden politischen Fortschritt einher

资产阶级的每一步发展都伴随着相应的政治进步

Eine unterdrückte Klasse unter der Herrschaft des feudalen Adels

封建贵族统治下的被压迫阶级

ein bewaffneter und selbstverwalteter Verein in der mittelalterlichen Kommune

中世纪公社的武装自治协会

hier eine unabhängige Stadtrepublik (wie in Italien und Deutschland)

在这里，一个独立的城市共和国（如意大利和德国）

dort ein steuerpflichtiger "dritter Stand" der Monarchie (wie in Frankreich)

在那里，君主制的应税"第三等级"（如法国）

Danach, in der Zeit der eigentlichen Herstellung

之后，在适当的制造期间

die Bourgeoisie diente entweder der halbfeudalen oder der absoluten Monarchie

资产阶级要么服务于半封建君主制，要么服务于绝对君主制

oder die Bourgeoisie fungierte als Gegengewicht zum Adel

或者资产阶级充当了对贵族的反击

und in der Tat war die Bourgeoisie ein Eckpfeiler der großen Monarchien überhaupt

事实上，资产阶级是大君主制的基石

aber die moderne Industrie und der Weltmarkt haben sich seitdem etabliert

但从那时起，现代工业和世界市场就确立了自己的地位

und die Bourgeoisie hat sich die ausschließliche politische Herrschaft erobert

资产阶级已经为自己赢得了排他性的政治影响力

sie erreichte diese politische Herrschaft durch den modernen repräsentativen Staat

它通过现代代议制国家实现了这种政治影响力

Die Exekutive des modernen Staates ist nichts anderes als ein Verwaltungskomitee

现代国家的行政人员只不过是一个管理委员会

und sie leiten die gemeinsamen Angelegenheiten der gesamten Bourgeoisie

他们管理整个资产阶级的共同事务

Die Bourgeoisie hat historisch gesehen eine höchst revolutionäre Rolle gespielt

从历史上看，资产阶级发挥了最具革命性的作用

Wo immer sie die Oberhand gewann, machte sie allen feudalen, patriarchalischen und idyllischen Verhältnissen ein Ende

无论它在哪里占上风，它都结束了所有封建、父权制和田园诗般的关系

Sie hat erbarmungslos die bunten feudalen Bande zerrissen, die den Menschen an seine "natürlichen Vorgesetzten" banden

它无情地撕毁了将人束缚在"天生的上级"身上的杂乱无章的封建关系

Und es ist kein Nexus zwischen Mensch und Mensch übrig geblieben, außer nacktem Eigeninteresse

除了赤裸裸的利己主义之外，人与人之间没有任何联系

Die Beziehungen der Menschen zueinander sind zu nichts anderem geworden als zu einer gefühllosen "Geldzahlung"

人与人之间的关系只不过是冷酷无情的"现金支付"

Sie hat die himmlischsten Ekstasen religiöser Inbrunst ertränkt

它淹没了宗教狂热的最天堂般的狂喜

sie hat ritterlichen Enthusiasmus und philiströsen Sentimentalismus übertönt

它淹没了骑士的热情和庸俗的感伤主义

Sie hat diese Dinge im eisigen Wasser des egoistischen Kalküls ertränkt

它把这些东西淹没在自负的计算的冰水中

Sie hat den persönlichen Wert in Tauschwert aufgelöst

它把个人价值化为可交换的价值

Sie hat die zahllosen und unveräußerlichen verbrieften Freiheiten ersetzt

它取代了无数和不可剥夺的宪章自由

und sie hat eine einzige, skrupellose Freiheit geschaffen; Freihandel

它建立了一个单一的、不合情理的自由;自由贸易

Mit einem Wort, sie hat dies für die Ausbeutung getan

一言以蔽之，它这样做是为了剥削

Ausbeutung, verschleiert durch religiöse und politische Illusionen

被宗教和政治幻想所掩盖的剥削

Ausbeutung verschleiert durch nackte, schamlose, direkte, brutale Ausbeutung

赤裸裸的、无耻的、直接的、残酷的剥削所掩盖的剥削

die Bourgeoisie hat den Heiligenschein von jedem zuvor geehrten und verehrten Beruf abgestreift

资产阶级已经剥夺了以前所有受人尊敬和尊敬的职业的光环

der Arzt, der Advokat, der Priester, der Dichter und der Mann der Wissenschaft

医生、律师、牧师、诗人和科学家

Sie hat diese ausgezeichneten Arbeiter in ihre bezahlten Lohnarbeiter verwandelt

它把这些杰出的工人变成了有偿的雇佣劳动者

Die Bourgeoisie hat der Familie den sentimentalen Schleier weggerissen

资产阶级已经撕下了家庭的感伤面纱

Und sie hat das Familienverhältnis auf ein bloßes Geldverhältnis reduziert

它把家庭关系简化为单纯的金钱关系

die brutale Zurschaustellung der Kraft im Mittelalter, die die Reaktionäre so sehr bewundern

反动派非常钦佩的中世纪残酷的活力表现

Auch diese fand ihre passende Ergänzung in der trägesten Trägheit

即使这样，在最懒惰的懒惰中也找到了合适的补充

Die Bourgeoisie hat enthüllt, wie es dazu gekommen ist

资产阶级已经揭露了这一切是如何发生的

Die Bourgeoisie war die erste, die gezeigt hat, was die Tätigkeit des Menschen bewirken kann

资产阶级是第一个表明人的活动可以带来什么的人

Sie hat Wunder vollbracht, die ägyptische Pyramiden, römische Aquädukte und gotische Kathedralen bei weitem übertreffen

它所创造的奇迹远远超过了埃及金字塔、罗马渡槽和哥特式大教堂

und sie hat Expeditionen durchgeführt, die alle früheren Auszüge von Nationen und Kreuzzügen in den Schatten stellten

它进行了远征，使所有以前的国家流亡和十字军东征都蒙上了阴影

Die Bourgeoisie kann nicht existieren, ohne die Produktionsmittel ständig zu revolutionieren

如果不不断革新生产工具，资产阶级就不可能存在

und damit kann sie nicht ohne ihre Beziehungen zur Produktion existieren

因此，没有它与生产的关系，它就不能存在

und deshalb kann sie nicht ohne ihre Beziehungen zur Gesellschaft existieren

因此，没有它与社会的关系，它就不可能存在

Alle früheren Industrieklassen hatten eine Bedingung gemeinsam

所有早期的工业阶级都有一个共同点

Sie setzten auf die Bewahrung der alten Produktionsweisen

他们依靠对旧生产方式的保护

aber die Bourgeoisie brachte eine völlig neue Dynamik mit sich

但资产阶级带来了一种全新的动力

Ständige Revolutionierung der Produktion und ununterbrochene Störung aller gesellschaftlichen Verhältnisse

生产的不断革命和一切社会条件的不间断的干扰

diese immerwährende Unsicherheit und Unruhe unterscheidet die Epoche der Bourgeoisie von allen früheren

这种永恒的不确定性和躁动性使资产阶级时代有别于所有早期的时代

Die bisherigen Beziehungen zur Produktion waren mit alten und ehrwürdigen Vorurteilen und Meinungen verbunden

以前与生产的关系伴随着古老而古老的偏见和观点

Aber all diese festgefahrenen, eingefrorenen Beziehungen werden hinweggefegt

但所有这些固定的、快速冻结的关系都被一扫而空

Alle neu gebildeten Verhältnisse werden antiquiert, bevor sie erstarren können

所有新形成的关系在僵化之前就已经过时了

Alles, was fest ist, zerschmilzt in Luft, und alles, was heilig ist, wird entweiht

所有固体都融化成空气，所有神圣的东西都被亵渎了

Der Mensch ist endlich gezwungen, mit nüchternen Sinnen seinen wirklichen Lebensbedingungen ins Auge zu sehen

人终于不得不以清醒的感官面对他的真实生活状况

und er ist gezwungen, sich seinen Beziehungen zu seinesgleichen zu stellen

他被迫面对他与同类的关系

Die Bourgeoisie muss ständig ihre Märkte für ihre Produkte erweitern

资产阶级不断需要扩大其产品的市场

und deshalb wird die Bourgeoisie über die ganze Erdoberfläche gejagt

正因为如此，资产阶级在整个地球表面都被追逐

Die Bourgeoisie muss sich überall einnisten, sich überall niederlassen, überall Verbindungen herstellen

资产阶级必须到处依偎，到处定居，到处建立联系

Die Bourgeoisie muss in jedem Winkel der Welt Märkte schaffen, um sie auszubeuten

资产阶级必须在世界每个角落创造市场来剥削

Die Produktion und der Konsum in jedem Land haben einen kosmopolitischen Charakter erhalten

每个国家的生产和消费都被赋予了世界性的特征

der Verdruss der Reaktionäre ist mit Händen zu greifen, aber er hat sich trotzdem fortgesetzt

反动派的懊恼是显而易见的，但无论如何它仍在继续

Die Bourgeoisie hat der Industrie den nationalen Boden, auf dem sie stand, unter den Füßen weggezogen

资产阶级从工业的脚下汲取了它赖以生存的民族土地

Alle alteingesessenen nationalen Industrien sind zerstört worden oder werden täglich zerstört

所有老牌的民族工业都已被摧毁，或每天都在被摧毁

Alle alteingesessenen nationalen Industrien werden durch neue Industrien verdrängt

所有老牌的民族工业都被新工业所取代

Ihre Einführung wird zu einer Frage von Leben und Tod für alle zivilisierten Völker

它们的引入成为所有文明国家的生死攸关的问题

Sie werden von Industrien verdrängt, die keine heimischen Rohstoffe mehr verarbeiten

他们被不再使用本土原材料的工业所取代

Stattdessen beziehen diese Industrien Rohstoffe aus den entlegensten Zonen

相反，这些行业从最偏远的地区提取原材料

Industrien, deren Produkte nicht nur zu Hause, sondern in allen Teilen der Welt konsumiert werden

其产品不仅在国内，而且在全球每个季度都被消费的行业

An die Stelle der alten Bedürfnisse, die durch die Erzeugnisse des Landes befriedigt werden, treten neue Bedürfnisse

代替旧的需求，通过国家的产品来满足，我们找到了新的需求

Diese neuen Bedürfnisse bedürfen zu ihrer Befriedigung der Produkte aus fernen Ländern und Klimazonen

这些新的需求需要来自遥远的土地和气候的产品来满足它们

An die Stelle der alten lokalen und nationalen Abgeschiedenheit und Selbstversorgung tritt der Handel

取而代之的是旧的地方和国家隔离和自给自足，我们有贸易

internationaler Austausch in alle Richtungen; universelle Interdependenz der Nationen

四面八方的国际交流;各国普遍相互依存

Und so wie wir von Materialien abhängig sind, so sind wir von der intellektuellen Produktion abhängig

正如我们依赖材料一样，我们也依赖于智力生产

Die geistigen Schöpfungen der einzelnen Nationen werden zum Gemeingut

各个民族的智力创造成为共同财产

Nationale Einseitigkeit und Engstirnigkeit werden immer unmöglicher

民族的片面性和狭隘性越来越不可能

Und aus den zahlreichen nationalen und lokalen Literaturen entsteht eine Weltliteratur

从众多的国家和地方文学中，产生了世界文学

durch die rasche Verbesserung aller Produktionsmittel

通过所有生产工具的快速改进

durch die immens erleichterten Kommunikationsmittel

通过极其便利的沟通方式

Die Bourgeoisie zieht alle (auch die barbarischsten Nationen) in die Zivilisation hinein

资产阶级把所有国家（甚至是最野蛮的民族）都吸引到文明中来

Die billigen Preise seiner Waren; die schwere Artillerie, die alle chinesischen Mauern niederreißt

其商品的廉价价格;重炮摧毁了所有中国城墙

Der hartnäckige Fremdenhass der Barbaren wird zur Kapitulation gezwungen

野蛮人对外国人的强烈顽固仇恨被迫投降

Sie zwingt alle Nationen, unter Androhung des Aussterbens, die Bourgeoisie Produktionsweise anzunehmen

它迫使所有民族在濒临灭绝的痛苦中采用资产阶级的生产方式

Sie zwingt sie, das, was sie Zivilisation nennt, in ihre Mitte einzuführen

它迫使他们把所谓的文明引入他们中间

Die Bourgeoisie zwingt die Barbaren, selbst zur Bourgeoisie zu werden

资产阶级强迫野蛮人自己成为资产阶级

mit einem Wort, die Bourgeoisie schafft sich eine Welt nach ihrem Bilde

一句话，资产阶级按照自己的形象创造了一个世界

Die Bourgeoisie hat das Land der Herrschaft der Städte unterworfen

资产阶级把农村置于城镇的统治之下

Sie hat riesige Städte geschaffen und die Stadtbevölkerung stark vergrößert

它创造了巨大的城市，大大增加了城市人口

Sie rettete einen beträchtlichen Teil der Bevölkerung vor der Idiotie des Landlebens

它把相当一部分人口从农村生活的愚蠢中解救出来

Aber sie hat die Menschen auf dem Lande von den Städten abhängig gemacht

但它使农村的人依赖城镇

Und ebenso hat sie die barbarischen Länder von den zivilisierten abhängig gemacht

同样，它使野蛮国家依赖文明国家

Bauernnationen gegen Völker der Bourgeoisie, Osten gegen Westen

农民国家对资产阶级国家，东方对西方国家

Die Bourgeoisie beseitigt den zerstreuten Zustand der Bevölkerung mehr und mehr

资产阶级越来越消除人口的分散状态

Sie hat die Produktion agglomeriert und das Eigentum in wenigen Händen konzentriert

它集中了生产，并将财产集中在少数人手中

Die notwendige Konsequenz daraus war eine politische Zentralisierung

其必然后果是政治集权

Es gab unabhängige Nationen und lose miteinander verbundene Provinzen

曾经有过独立的国家和松散联系的省份

Sie hatten getrennte Interessen, Gesetze, Regierungen und Steuersysteme

他们有各自的利益、法律、政府和税收制度

Aber sie sind zu einer Nation zusammengeschmolzen, mit einer Regierung

但是他们已经混为一谈，组成一个国家，一个政府

Sie haben jetzt ein nationales Klasseninteresse, eine Grenze und einen Zolltarif

他们现在有一个国家阶级利益，一个边界和一个关税

Und dieses nationale Klasseninteresse ist unter einem Gesetzbuch vereinigt

这种民族阶级利益统一在一个法典之下

die Bourgeoisie hat während ihrer knapp hundertjährigen Herrschaft viel erreicht

资产阶级在其短短的一百年统治中取得了很大的成就

massivere und kolossalere Produktivkräfte als alle vorhergehenden Generationen zusammen

比前几代人加起来还要庞大和巨大的生产力

Die Kräfte der Natur sind dem Willen des Menschen und seiner Maschinerie unterworfen

自然的力量屈服于人的意志及其机器

Die Chemie wird auf alle Industrieformen und Landwirtschaftsformen angewendet

化学应用于所有形式的工业和农业类型

Dampfschiffahrt, Eisenbahnen, elektrische Telegraphen und die Druckerpresse

蒸汽航海、铁路、电报和印刷机

Rodung ganzer Kontinente für den Anbau, Kanalisierung von Flüssen

清理整个大陆进行耕种，河流渠化

ganze Populationen wurden aus dem Boden gezaubert und an die Arbeit gebracht

整个人口都被从地下召唤出来并投入工作

Welches frühere Jahrhundert hatte auch nur eine Ahnung von dem, was entfesselt werden könnte?

哪个上个世纪甚至预感到可以释放什么？

Wer hat vorausgesagt, dass solche Produktivkräfte im Schoß der gesellschaftlichen Arbeit schlummern?

谁能预料到这样的生产力会沉睡在社会劳动的怀抱中？

Wir sehen also, daß die Produktions- und Tauschmittel in der feudalen Gesellschaft erzeugt wurden

我们看到，生产资料和交换资料是在封建社会中产生的

die Produktionsmittel, auf deren Grundlage sich die Bourgeoisie aufbaute

资产阶级赖以建立自己的生产资料

Auf einer bestimmten Stufe der Entwicklung dieser Produktions- und Tauschmittel
在这些生产资料和交换资料发展的某个阶段

die Bedingungen, unter denen die feudale Gesellschaft produzierte und tauschte
封建社会生产和交换的条件

Die feudale Organisation der Landwirtschaft und des verarbeitenden Gewerbes
农业和制造业的封建组织

Die feudalen Eigentumsverhältnisse waren mit den materiellen Verhältnissen nicht mehr vereinbar
封建财产关系不再与物质条件相容

Sie mussten gesprengt werden, also wurden sie auseinandergesprengt
他们必须被爆裂，所以他们被爆裂了

An ihre Stelle trat die freie Konkurrenz der Produktivkräfte
取而代之的是生产力的自由竞争

Und sie wurden von einer ihr angepassten sozialen und politischen Verfassung begleitet
他们伴随着与之相适应的社会和政治宪法

und sie wurde begleitet von der ökonomischen und politischen Herrschaft der Bourgeoisie Klasse
它伴随着资产阶级的经济和政治影响力

Eine ähnliche Bewegung vollzieht sich vor unseren eigenen Augen
类似的运动正在我们眼前发生

Die moderne Bourgeoisie Gesellschaft mit ihren Produktions-, Tausch- und Eigentumsverhältnissen
现代资产阶级社会及其生产关系、交换关系和财产关系

eine Gesellschaft, die so gigantische Produktions- und Tauschmittel heraufbeschworen hat
一个创造了如此巨大的生产资料和交换资料的社会

Es ist wie der Zauberer, der die Mächte der Unterwelt heraufbeschworen hat
这就像召唤下界力量的巫师

Aber er ist nicht mehr in der Lage, zu kontrollieren, was er in die Welt gebracht hat

但他再也无法控制他带给世界的东西

Viele Jahrzehnte lang war die vergangene Geschichte durch einen roten Faden miteinander verbunden

在过去的十年里，历史被一条共同的线索联系在一起

Die Geschichte der Industrie und des Handels ist nichts anderes als die Geschichte der Revolten

工商业的历史不过是起义的历史

die Revolten der modernen Produktivkräfte gegen die modernen Produktionsbedingungen

现代生产力对现代生产条件的反抗

die Revolten der modernen Produktivkräfte gegen die Eigentumsverhältnisse

现代生产力对财产关系的反抗

diese Eigentumsverhältnisse sind die Bedingungen für die Existenz der Bourgeoisie

这些财产关系是资产阶级存在的条件

und die Existenz der Bourgeoisie bestimmt die Regeln der Eigentumsverhältnisse

资产阶级的存在决定了财产关系的规则

Es genügt, die periodische Wiederkehr von Handelskrisen zu erwähnen

提到商业危机的周期性回归就足够了

jede Handelskrise ist für die Bourgeoisie Gesellschaft bedrohlicher als die letzte

每一次商业危机对资产阶级社会的威胁都比上一次更大

In diesen Krisen wird ein großer Teil der bestehenden Produkte vernichtet

在这些危机中，现有产品的很大一部分被摧毁

Diese Krisen zerstören aber auch die zuvor geschaffenen Produktivkräfte

但这些危机也摧毁了先前创造的生产力

In allen früheren Epochen wären diese Epidemien als Absurdität erschienen

在所有更早的时代，这些流行病似乎是荒谬的

denn diese Epidemien sind die kommerziellen Krisen der Überproduktion

因为这些流行病是生产过剩的商业危机

Die Gesellschaft befindet sich plötzlich wieder in einem
Zustand der momentanen Barbarei
社会突然发现自己又回到了短暂的野蛮状态

als ob ein allgemeiner Verwüstungskrieg jede Möglichkeit
des Lebensunterhalts abgeschnitten hätte
仿佛一场普遍的毁灭性战争切断了一切生存手段

Industrie und Handel scheinen zerstört worden zu sein; Und
warum?
工商业似乎被摧毁了;为什么?

Weil es zu viel Zivilisation und Subsistenzmittel gibt
因为有太多的文明和生存手段

Und weil es zu viel Industrie und zu viel Handel gibt
因为有太多的工业和太多的商业

Die Produktivkräfte, die der Gesellschaft zur Verfügung
stehen, entwickeln nicht mehr das Bourgeoisie Eigentum
社会所支配的生产力不再发展资产阶级财产

im Gegenteil, sie sind zu mächtig geworden für diese
Verhältnisse, durch die sie gefesselt sind
相反，对于这些条件来说，他们已经变得太强大了，他们被束
缚了

sobald sie diese Fesseln überwunden haben, bringen sie
Unordnung in die ganze Bourgeoisie Gesellschaft
一旦他们克服了这些束缚，他们就会给整个资产阶级社会带来
混乱

und die Produktivkräfte gefährden die Existenz des
Bourgeoisie Eigentums
生产力危及资产阶级财产的生存

Die Bedingungen der Bourgeoisie Gesellschaft sind zu eng,
um den von ihnen geschaffenen Reichtum zu erfassen
资产阶级社会的条件太狭隘，无法包括他们创造的财富

Und wie überwindet die Bourgeoisie diese Krisen?
资产阶级如何克服这些危机?

Einerseits überwindet sie diese Krisen durch die
erzwungene Vernichtung einer Masse von Produktivkräften
一方面，它通过强行摧毁大量生产力来克服这些危机

Andererseits überwindet sie diese Krisen durch die
Eroberung neuer Märkte

另一方面，它通过征服新市场来克服这些危机

Und sie überwindet diese Krisen durch die gründlichere Ausbeutung der alten Produktivkräfte
它通过更彻底地剥削旧的生产力量来克服这些危机

Das heißt, indem sie den Weg für umfangreichere und zerstörerischere Krisen ebnen
也就是说，为更广泛和更具破坏性的危机铺平道路

Sie überwindet die Krise, indem sie die Mittel zur Krisenprävention einschränkt
它通过减少预防危机的手段来克服危机

Die Waffen, mit denen die Bourgeoisie den Feudalismus zu Fall brachte, sind jetzt gegen sich selbst gerichtet
资产阶级用来把封建主义打倒在地的武器现在正对着自己

Aber die Bourgeoisie hat nicht nur die Waffen geschmiedet, die sich selbst den Tod bringen
但是，资产阶级不仅锻造了给自己带来死亡的武器

Sie hat auch die Männer ins Leben gerufen, die diese Waffen führen sollen
它还召唤了将要使用这些武器的人

Und diese Männer sind die moderne Arbeiterklasse; Sie sind die Proletarier
这些人是现代工人阶级;他们是无产者

In dem Maße, wie die Bourgeoisie entwickelt ist, entwickelt sich auch das Proletariat
资产阶级的发展与资产阶级的发展成比例相同

Die moderne Arbeiterklasse entwickelte eine Klasse von Arbeitern
现代工人阶级发展出一个劳动者阶级

Diese Klasse von Arbeitern lebt nur so lange, wie sie Arbeit findet
这一类劳动者只要找到工作，就只能活下去

Und sie finden nur so lange Arbeit, wie ihre Arbeit das Kapital vermehrt
他们只有在劳动增加资本的情况下才能找到工作

Diese Arbeiter, die sich stückweise verkaufen müssen, sind eine Ware
这些必须零敲碎打地出卖自己的劳动者是一种商品

Diese Arbeiter sind wie jeder andere Handelsartikel

这些劳动者就像其他所有商业物品一样

und sie sind folglich allen Wechselfällen des Wettbewerbs ausgesetzt

因此，他们暴露在竞争的所有沧桑之中

Sie müssen alle Schwankungen des Marktes überstehen

他们必须经受住市场的所有波动

Aufgrund des umfangreichen Maschineneinsatzes und der Arbeitsteilung

由于机器的广泛使用和劳动分工

Die Arbeit der Proletarier hat jeden individuellen Charakter verloren

无产者的工作已经丧失了一切个人特征

Und folglich hat die Arbeit der Proletarier für den Arbeiter jeden Reiz verloren

因此，无产者的工作对工人失去了一切魅力

Er wird zu einem Anhängsel der Maschine und nicht mehr zu dem Mann, der er einmal war

他变成了机器的附属物，而不是他曾经的人

Nur das einfachste, eintönigste und am leichtesten zu erwerbende Geschick wird von ihm verlangt

他只需要最简单、最单调、最容易获得的诀窍

Daher sind die Produktionskosten eines Arbeiters begrenzt

因此，工人的生产成本受到限制

sie beschränkt sich fast ausschließlich auf die Mittel zur Bestreitung des Lebensunterhalts, die er zu seinem Unterhalt benötigt

它几乎完全限于他维持生活所需的生活资料

und sie beschränkt sich auf die Subsistenzmittel, die er zur Fortpflanzung seiner Rasse benötigt

它仅限于他繁衍种族所需的生活资料

Aber der Preis einer Ware, also auch der Arbeit, ist gleich ihren Produktionskosten

但是，商品的价格，因此也包括劳动力的价格，等于它的生产成本

In dem Maße also, wie die Widerwärtigkeit der Arbeit zunimmt, sinkt der Lohn

因此，随着工作的排斥性增加，工资就会按比例下降

Ja, die Widerwärtigkeit seiner Arbeit nimmt sogar noch mehr zu

不，他工作的令人厌恶的速度甚至更大

In dem Maße, wie der Einsatz von Maschinen und die Arbeitsteilung zunehmen, steigt auch die Last der Arbeit

随着机器的使用和劳动分工的增加，劳动的负担也在增加

Die Arbeitsbelastung wird durch die Verlängerung der Arbeitszeit erhöht

劳动时间的延长增加了辛劳的负担

Dem Arbeiter wird in der gleichen Zeit mehr zugemutet als zuvor

与以前一样，对劳动者的期望更高

Und natürlich wird die Last der Arbeit durch die Geschwindigkeit der Maschinerie erhöht

当然，机器的速度会增加辛劳的负担

Die moderne Industrie hat die kleine Werkstatt des patriarchalischen Meisters in die große Fabrik des industriellen Kapitalisten verwandelt

现代工业已经把父权制主人的小作坊变成了工业资本家的大工厂

Massen von Arbeitern, die in die Fabrik gedrängt sind, sind wie Soldaten organisiert

大批工人挤进工厂，像士兵一样组织起来

Als Gefreite der Industriearmee stehen sie unter dem Kommando einer vollkommenen Hierarchie von Offizieren und Unteroffizieren

作为工业军队的士兵，他们被置于完美的军官和中士等级制度的指挥之下

sie sind nicht nur die Sklaven der Bourgeoisie und des Staates

他们不仅是资产阶级和国家的奴隶

Aber sie werden auch täglich und stündlich von der Maschine versklavt

但他们也每天和每小时都受到机器的奴役

sie sind Sklaven des Aufsehers und vor allem des einzelnen Bourgeoisie Fabrikanten selbst

他们被监督者所奴役，尤其是被个别资产阶级制造商自己所奴役

Je offener dieser Despotismus den Gewinn als seinen Zweck und sein Ziel proklamiert, desto kleinlicher, verhaßter und verbitterender ist er

这种专制主义越是公开宣称利益是它的目的和目标，它就越是卑鄙、越可恨、越令人痛苦

Je mehr sich die moderne Industrie entwickelt, desto geringer sind die Unterschiede zwischen den Geschlechtern

现代工业越发达，两性之间的差异就越小

Je geringer die Geschicklichkeit und Kraftanstrengung der Handarbeit ist, desto mehr wird die Arbeit der Männer von der der Frauen verdrängt

体力劳动所隐含的技能和力量消耗越少，男性的劳动就越多被妇女的劳动所取代

Alters- und Geschlechtsunterschiede haben für die Arbeiterklasse keine besondere gesellschaftliche Gültigkeit mehr

对于工人阶级来说，年龄和性别的差异不再具有任何独特的社会有效性

Alle sind Arbeitsinstrumente, die je nach Alter und Geschlecht mehr oder weniger teuer zu gebrauchen sind

所有这些都是劳动工具，根据他们的年龄和性别，使用起来或多或少是昂贵的

sobald der Arbeiter seinen Lohn in bar erhält, wird er von den übrigen Teilen der Bourgeoisie angegriffen

工人一拿到现金工资，资产阶级的其他部分就对他不利

der Vermieter, der Ladenbesitzer, der Pfandleiher usw

房东、店主、典当行等

Die unteren Schichten der Mittelschicht; die kleinen Handwerker und Ladenbesitzer

中产阶级的下层;小商人和店主

die pensionierten Gewerbetreibenden überhaupt, die Handwerker und Bauern

一般是退休的商人，手工业者和农民

all dies sinkt allmählich in das Proletariat ein

所有这些都逐渐沉入无产阶级

theils deshalb, weil ihr winziges Kapital nicht ausreicht für den Maßstab, in dem die moderne Industrie betrieben wird
部分原因是他们微薄的资本不足以维持现代工业的规模

und weil sie in der Konkurrenz mit den Großkapitalisten überschwemmt wird
因为它在与大资本家的竞争中被淹没了

zum Teil deshalb, weil ihr spezialisiertes Können durch die neuen Produktionsmethoden wertlos wird
部分原因是他们的专业技能因新的生产方法而变得毫无价值

So rekrutiert sich das Proletariat aus allen Klassen der Bevölkerung
因此，无产阶级是从各阶层人口中招募的

Das Proletariat durchläuft verschiedene Entwicklungsstufen
无产阶级经历了不同的发展阶段

Mit ihrer Geburt beginnt der Kampf mit der Bourgeoisie
随着它的诞生，它开始了与资产阶级的斗争

Zuerst wird der Kampf von einzelnen Arbeitern geführt
起初，比赛是由个体劳动者进行的

Dann wird der Kampf von den Arbeitern einer Fabrik ausgetragen
然后比赛由工厂的工人进行

Dann wird der Kampf von den Arbeitern eines Gewerbes an einem Ort ausgetragen
然后比赛由一个地方的一个行业的操作人员进行

und der Kampf richtet sich dann gegen die einzelne Bourgeoisie, die sie direkt ausbeutet
然后，竞争是针对直接剥削他们的个别资产阶级的

Sie richten ihre Angriffe nicht gegen die Bourgeoisie Produktionsbedingungen
他们攻击的不是资产阶级的生产条件

aber sie richten ihren Angriff gegen die Produktionsmittel selbst
但是他们把攻击指向生产工具本身

Sie vernichten importierte Waren, die mit ihrer Arbeitskraft konkurrieren
他们销毁与他们的劳动力竞争的进口商品

Sie zertrümmern Maschinen und setzen Fabriken in Brand

他们把机器砸得粉碎，他们放火烧了工厂

sie versuchen, den verschwundenen Status des Arbeiters des Mittelalters mit Gewalt wiederherzustellen

他们试图用武力恢复中世纪工人消失的地位

In diesem Stadium bilden die Arbeiter noch eine unzusammenhängende Masse, die über das ganze Land verstreut ist

在这个阶段，工人仍然形成一个分散在全国各地的不连贯的群众

und sie werden durch ihre gegenseitige Konkurrenz zerrissen

他们因相互竞争而破裂

Wenn sie sich irgendwo zu kompakteren Körpern vereinigen, so ist dies noch nicht die Folge ihrer eigenen aktiven Vereinigung

如果它们在任何地方联合起来形成更紧凑的机构，这还不是他们自己积极联合的结果

aber es ist eine Folge der Vereinigung der Bourgeoisie, ihre eigenen politischen Ziele zu erreichen

但这是资产阶级联合的结果，以达到自己的政治目的

die Bourgeoisie ist gezwungen, das ganze Proletariat in Bewegung zu setzen

资产阶级被迫发动整个无产阶级的运动

und überdies ist die Bourgeoisie eine Zeitlang dazu in der Lage

而且，暂时，资产阶级能够这样做

In diesem Stadium kämpfen die Proletarier also nicht gegen ihre Feinde

因此，在这个阶段，无产者不与敌人作战

Stattdessen kämpfen sie gegen die Feinde ihrer Feinde

相反，他们正在与敌人的敌人作战

Der Kampf gegen die Überreste der absoluten Monarchie und die Großgrundbesitzer

与绝对君主制和地主的残余作斗争

sie bekämpfen die nicht-industrielle Bourgeoisie; das Kleiliche Bourgeoisie

他们与非工业资产阶级作斗争;小资产阶级

So ist die ganze historische Bewegung in den Händen der Bourgeoisie konzentriert

这样，整个历史运动就集中在资产阶级的手中

jeder so errungene Sieg ist ein Sieg der Bourgeoisie

这样取得的每一场胜利，都是资产阶级的胜利

Aber mit der Entwicklung der Industrie wächst nicht nur die Zahl des Proletariats

但是，随着工业的发展，无产阶级不仅在人数上有所增加

das Proletariat konzentriert sich in größeren Massen und seine Kraft wächst

无产阶级集中于更大的群众，无产阶级的力量在增长

und das Proletariat spürt diese Kraft mehr und mehr

无产阶级越来越感受到这种力量

Die verschiedenen Interessen und Lebensbedingungen in den Reihen des Proletariats gleichen sich mehr und mehr an

无产阶级队伍中的各种利益和生活条件越来越平等

sie werden in dem Maße größer, wie die Maschinerie alle Unterschiede der Arbeit verwischt

随着机器消除了所有劳动的区别，它们变得更加相称

Und die Maschinen senken fast überall die Löhne auf das gleiche niedrige Niveau

几乎所有地方的机器都把工资降低到同样的低水平

Die wachsende Konkurrenz der Bourgeoisie und die daraus resultierenden Handelskrisen lassen die Löhne der Arbeiter immer schwankender

资产阶级之间日益激烈的竞争，以及由此产生的商业危机，使工人的工资更加波动

Die unaufhörliche Verbesserung der sich immer schneller entwickelnden Maschinen macht ihren Lebensunterhalt immer prekärer

机器的不断改进，越来越迅速的发展，使他们的生计越来越不稳定

die Kollisionen zwischen einzelnen Arbeitern und einzelnen Bourgeoisien nehmen immer mehr den Charakter von Zusammenstößen zwischen zwei Klassen an

个别工人和个别资产阶级之间的冲突越来越具有两个阶级之间冲突的性质

Darauf beginnen die Arbeiter, sich gegen die Bourgeoisie zu verbünden (Gewerkschaften)
于是，工人开始结成反对资产阶级的联合体（工会）

Sie schließen sich zusammen, um die Löhne hoch zu halten
他们为了保持工资水平而聚在一起

sie gründeten ständige Vereinigungen, um für diese gelegentlichen Revolten im voraus Vorsorge zu treffen
他们找到了永久的协会，以便事先为这些偶尔的叛乱做好准备

Hier und da bricht der Wettkampf in Ausschreitungen aus
比赛在这里和那里爆发了骚乱

Hin und wieder siegen die Arbeiter, aber nur für eine gewisse Zeit
工人们时不时地取得胜利，但只是暂时的

Die wirkliche Frucht ihrer Kämpfe liegt nicht in den unmittelbaren Ergebnissen, sondern in der immer größer werdenden Vereinigung der Arbeiter
他们斗争的真正成果不在于立竿见影的结果，而在于不断扩大的工人工会

Diese Vereinigung wird durch die verbesserten Kommunikationsmittel unterstützt, die von der modernen Industrie geschaffen werden
现代工业创造的改进的通信手段有助于这种结合

Die moderne Kommunikation bringt die Arbeiter verschiedener Orte miteinander in Kontakt
现代通信使不同地区的工人相互联系

Es war gerade dieser Kontakt, der nötig war, um die zahlreichen lokalen Kämpfe zu einem nationalen Kampf zwischen den Klassen zu zentralisieren
正是这种联系，才需要将众多的地方斗争集中到一个阶级之间的全国性斗争中来

Alle diese Kämpfe haben den gleichen Charakter, und jeder Klassenkampf ist ein politischer Kampf
所有这些斗争都具有相同的性质，每一次阶级斗争都是政治斗争

die Bürger des Mittelalters mit ihren elenden Landstraßen brauchten Jahrhunderte, um ihre Vereinigungen zu bilden

中世纪的市民，他们悲惨的高速公路，需要几个世纪才能组建他们的工会

Die modernen Proletarier erreichen dank der Eisenbahn ihre Gewerkschaften innerhalb weniger Jahre

现代无产者，多亏了铁路，在几年内就实现了工会

Diese Organisation der Proletarier zu einer Klasse formte sie folglich zu einer politischen Partei

无产者组织成一个阶级，于是把他们组成了一个政党

Die politische Klasse wird immer wieder durch die Konkurrenz zwischen den Arbeitern selbst verärgert

政治阶层不断地被工人之间的竞争所困扰

Aber die politische Klasse erhebt sich weiter, stärker, fester, mächtiger

但政治阶层继续再次崛起，更强大、更坚定、更强大

Er zwingt zur gesetzgeberischen Anerkennung der besonderen Interessen der Arbeitnehmer

它迫使立法承认工人的特殊利益

sie tut dies, indem sie sich die Spaltungen innerhalb der Bourgeoisie selbst zunutze macht

它通过利用资产阶级本身的分裂来做到这一点

Damit wurde das Zehnstundengesetz in England in Kraft gesetzt

因此，英国的十小时法案被纳入法律

in vielerlei Hinsicht ist der Zusammenstoß zwischen den Klassen der alten Gesellschaft ferner der Entwicklungsgang des Proletariats

在许多方面，旧社会各阶级之间的冲突是无产阶级发展的进程

Die Bourgeoisie befindet sich in einem ständigen Kampf

资产阶级发现自己卷入了一场持续不断的战斗

Zuerst wird sie sich in einem ständigen Kampf mit der Aristokratie wiederfinden

起初，它会发现自己卷入了与贵族的持续斗争

später wird sie sich in einem ständigen Kampf mit diesen Teilen der Bourgeoisie selbst wiederfinden

以后，它将发现自己卷入了与资产阶级本身的那些部分的不断斗争中

und ihre Interessen werden dem Fortschritt der Industrie entgegengesetzt sein

他们的利益将与工业的进步背道而驰

zu allen Zeiten werden ihre Interessen mit der Bourgeoisie fremder Länder in Konflikt geraten sein

在任何时候，他们的利益都会与外国资产阶级对立

In allen diesen Kämpfen sieht sie sich genötigt, an das Proletariat zu appellieren, und bittet es um Hilfe

在所有这些斗争中，它认为自己不得不向无产阶级求助，并请求无产阶级的帮助

Und so wird sie sich gezwungen sehen, sie in die politische Arena zu zerren

因此，它将被迫将其拖入政治舞台

Die Bourgeoisie selbst versorgt also das Proletariat mit ihren eigenen Instrumenten der politischen und allgemeinen Erziehung

因此，资产阶级本身就向无产阶级提供自己的政治和一般教育工具

mit anderen Worten, sie liefert dem Proletariat Waffen für den Kampf gegen die Bourgeoisie

换言之，它为无产阶级提供了与资产阶级作斗争的武器

Ferner werden, wie wir schon gesehen haben, ganze Schichten der herrschenden Klassen in das Proletariat hineingestürzt

此外，正如我们已经看到的，统治阶级的整个部分都沉淀成无产阶级

der Fortschritt der Industrie saugt sie in das Proletariat hinein

工业的进步把他们吸进了无产阶级

oder zumindest sind sie in ihren Existenzbedingungen bedroht

或者，至少，他们的生存条件受到威胁

Diese versorgen auch das Proletariat mit frischen Elementen der Aufklärung und des Fortschritts

这些也为无产阶级提供了启蒙和进步的新元素

Endlich, in Zeiten, in denen sich der Klassenkampf der entscheidenden Stunde nähert

最后，在阶级斗争接近决定性时刻的时候

Der Auflösungsprozess innerhalb der herrschenden Klasse

统治阶级内部正在进行的解体过程

In der Tat wird die Auflösung, die sich innerhalb der herrschenden Klasse vollzieht, in der gesamten Bandbreite der Gesellschaft zu spüren sein

事实上，统治阶级内部的解体将在整个社会中感受到

Sie wird einen so gewalttätigen, krassen Charakter annehmen, dass ein kleiner Teil der herrschenden Klasse sich selbst abtreibt

它将呈现出如此暴力、刺眼的特征，以至于统治阶级的一小部分人会漂泊不定

Und diese herrschende Klasse wird sich der revolutionären Klasse anschließen

统治阶级将加入革命阶级

Die revolutionäre Klasse ist die Klasse, die die Zukunft in ihren Händen hält

革命阶级是把未来掌握在自己手中的阶级

Wie in früheren Zeiten ging ein Teil des Adels zur Bourgeoisie über

就像在更早的时期一样，一部分贵族倒向了资产阶级

ebenso wird ein Teil der Bourgeoisie zum Proletariat übergehen

同样，一部分资产阶级将转向无产阶级

insbesondere wird ein Teil der Bourgeoisie zu einem Teil der Bourgeoisie Ideologen übergehen

特别是，一部分资产阶级将转向一部分资产阶级思想家

Bourgeoisie Ideologen, die sich auf die Ebene erhoben haben, die historische Bewegung als Ganzes theoretisch zu begreifen

资产阶级思想家，他们把自己提高到从理论上理解整个历史运动的水平

Von allen Klassen, die heute der Bourgeoisie gegenüberstehen, ist das Proletariat allein eine wirklich revolutionäre Klasse

在今天与资产阶级面对面的所有阶级中，只有无产阶级是一个真正的革命阶级

Die anderen Klassen zerfallen und verschwinden
schließlich im Angesicht der modernen Industrie
其他阶级在现代工业面前腐朽并最终消失

das Proletariat ist ihr besonderes und wesentliches Produkt
无产阶级是无产阶级的特殊和必不可少的产品

Die untere Mittelschicht, der kleine Fabrikant, der
Ladenbesitzer, der Handwerker, der Bauer
下层中产阶级、小制造商、店主、工匠、农民

all diese Kämpfe gegen die Bourgeoisie
所有这些都是反对资产阶级的

Sie kämpfen als Fraktionen der Mittelschicht, um sich vor
dem Aussterben zu retten
他们作为中产阶级的一部分而战，以拯救自己免于灭绝

Sie sind also nicht revolutionär, sondern konservativ
因此，他们不是革命的，而是保守的

Ja, mehr noch, sie sind reaktionär, denn sie versuchen, das
Rad der Geschichte zurückzudrehen
更何况，他们是反动的，因为他们试图推翻历史的车轮

Wenn sie zufällig revolutionär sind, so sind sie es nur im
Hinblick auf ihre bevorstehende Überführung in das
Proletariat
如果说他们是革命的，那只是因为他们即将转入无产阶级

Sie verteidigen also nicht ihre gegenwärtigen, sondern ihre
zukünftigen Interessen
因此，他们捍卫的不是他们现在的利益，而是他们未来的利益

sie verlassen ihren eigenen Standpunkt, um sich auf den des
Proletariats zu stellen
他们抛弃了自己的立场，把自己置于无产阶级的立场上

Die »gefährliche Klasse«, der soziale Abschaum, diese
passiv verrottende Masse, die von den untersten Schichten
der alten Gesellschaft abgeworfen wird
"危险阶级"，社会败类，被旧社会最底层抛弃的被动腐烂的群
众

sie können hier und da von einer proletarischen Revolution
in die Bewegung hineingerissen werden
他们可能会在这里和那里被无产阶级革命卷入运动

Seine Lebensbedingungen bereiten ihn jedoch viel mehr auf
die Rolle eines bestochenen Werkzeugs reaktionärer
Intrigen vor
然而，它的生活条件使它为反动阴谋的贿赂工具做好了更多的
准备
In den Verhältnissen des Proletariats sind die Verhältnisse
der alten Gesellschaft im Allgemeinen bereits praktisch
überschwemmt
在无产阶级的条件下，整个旧社会的状况实际上已经被淹没了
Der Proletarier ist ohne Eigentum
无产者是没有财产的
sein Verhältnis zu Frau und Kindern hat mit den
Familienverhältnissen der Bourgeoisie nichts mehr gemein
他与妻子和孩子的关系与资产阶级的家庭关系不再有任何共同
之处
moderne industrielle Arbeit, moderne Unterwerfung unter
das Kapital, dasselbe in England wie in Frankreich, in
Amerika wie in Deutschland
现代工业劳动，现代对资本的服从，在英国和法国一样，在美
国和德国一样
Seine Stellung in der Gesellschaft hat ihm jede Spur von
nationalem Charakter genommen
他在社会上的地位剥夺了他民族性格的每一丝痕迹
Gesetz, Moral, Religion sind für ihn so viele Bourgeoisie
Vorurteile
法律、道德、宗教，对他来说是那么多的资产阶级偏见
und hinter diesen Vorurteilen lauern ebenso viele
Bourgeoisie Interessen
在这些偏见的背后，潜伏着许多资产阶级利益
Alle vorhergehenden Klassen, die die Oberhand gewannen,
versuchten, ihren bereits erworbenen Status zu festigen
所有先前占上风的阶级都试图巩固他们已经获得的地位
Sie taten dies, indem sie die Gesellschaft als Ganzes ihren
Aneignungsbedingungen unterwarfen
他们通过使整个社会服从他们的占有条件来做到这一点
Die Proletarier können nicht Herren der Produktivkräfte der
Gesellschaft werden

无产者不能成为社会生产力的主人

Sie kann dies nur tun, indem sie ihre eigene bisherige Aneignungsweise abschafft

它只能通过废除自己以前的拨款模式来做到这一点

Und damit hebt sie auch jede andere bisherige Aneignungsweise auf

因此，它也废除了以前的所有其他拨款方式

Sie haben nichts Eigenes zu sichern und zu festigen

他们没有自己的任何东西可以保护和加强

Ihre Aufgabe ist es, alle bisherigen Sicherheiten und Versicherungen für individuelles Eigentum zu vernichten

他们的任务是销毁所有以前的个人财产证券和保险

Alle bisherigen historischen Bewegungen waren Bewegungen von Minderheiten

以前所有的历史运动都是少数民族的运动

oder es handelte sich um Bewegungen im Interesse von Minderheiten

或者它们是为了少数群体的利益而进行的运动

Die proletarische Bewegung ist die selbstbewusste, selbständige Bewegung der ungeheuren Mehrheit

无产阶级运动是绝大多数人的自觉的、独立的运动

Und es ist eine Bewegung im Interesse der großen Mehrheit

这是一场符合绝大多数人利益的运动

Das Proletariat, die unterste Schicht unserer heutigen Gesellschaft

无产阶级，我们当今社会的最底层

Sie kann sich nicht regen oder erheben, ohne daß die ganze übergeordnete Schicht der offiziellen Gesellschaft in die Luft geschleudert wird

如果没有官方社会的整个上层阶级，它就无法搅动或提升自己

Der Kampf des Proletariats mit der Bourgeoisie ist, wenn auch nicht der Substanz nach, doch zunächst ein nationaler Kampf

无产阶级同资产阶级的斗争虽然不是实质上的，但形式上却是民族斗争

Das Proletariat eines jeden Landes muss natürlich vor allem mit seiner eigenen Bourgeoisie abrechnen

当然，每个国家的无产阶级首先必须同自己的资产阶级解决问题

Indem wir die allgemeinsten Phasen der Entwicklung des Proletariats schilderten, verfolgten wir den mehr oder weniger verhüllten Bürgerkrieg

在描述无产阶级发展的最一般阶段时，我们追溯了或多或少隐蔽的内战

Diese Zivilgesellschaft wütet in der bestehenden Gesellschaft

这种民间在现存社会中肆虐

Er wird bis zu dem Punkt wüten, an dem dieser Krieg in eine offene Revolution ausbricht

它将肆虐到战争爆发为公开革命的地步

und dann legt der gewaltsame Sturz der Bourgeoisie die Grundlage für die Herrschaft des Proletariats

然后暴力推翻资产阶级，为无产阶级的统治奠定了基础

Bisher beruhte jede Gesellschaftsform, wie wir bereits gesehen haben, auf dem Antagonismus unterdrückender und unterdrückter Klassen

正如我们已经看到的那样，迄今为止，每一种社会形式都是建立在压迫阶级和被压迫阶级的对抗之上的

Um aber eine Klasse zu unterdrücken, müssen ihr gewisse Bedingungen zugesichert werden

但是，为了压迫一个阶级，必须向它保证某些条件

Die Klasse muss unter Bedingungen gehalten werden, unter denen sie wenigstens ihre sklavische Existenz fortsetzen kann

这个阶级必须保持在至少能够继续其奴隶存在的条件下

Der Leibeigene erhob sich in der Zeit der Leibeigenschaft zum Mitglied der Kommune

农奴在农奴制时期，将自己提升为公社成员

so wie es dem Kleinbourgeoisie unter dem Joch des feudalen Absolutismus gelang, sich zur Bourgeoisie zu entwickeln

正如小资产阶级在封建专制主义的枷锁下，设法发展成为资产阶级一样

Der moderne Arbeiter dagegen sinkt, anstatt sich mit dem Fortschritt der Industrie zu erheben, immer tiefer

相反，现代劳动者不但没有随着工业的进步而上升，反而越陷越深

Er sinkt unter die Existenzbedingungen seiner eigenen Klasse

他沉沦在自己阶级的生存条件之下

Er wird ein Bettler, und der Pauperismus entwickelt sich schneller als Bevölkerung und Reichtum

他变成了一个穷人，而穷人比人口和财富发展得更快

Und hier zeigt sich, dass die Bourgeoisie nicht mehr geeignet ist, die herrschende Klasse in der Gesellschaft zu sein

在这里，很明显，资产阶级不再适合成为社会的统治阶级

und sie ist ungeeignet, der Gesellschaft ihre Existenzbedingungen als übergeordnetes Gesetz aufzuzwingen

不宜将其生存条件作为压倒一切的法律强加于社会

Sie ist unfähig zu herrschen, weil sie unfähig ist, ihrem Sklaven in seiner Sklaverei eine Existenz zu sichern

它不适合统治，因为它没有能力确保它的奴隶在他的奴役中生存

denn sie kann nicht anders, als ihn in einen solchen Zustand sinken zu lassen, daß sie ihn ernähren muss, statt von ihm gefüttert zu werden

因为它忍不住让他陷入这样的状态，以至于它必须喂养他，而不是被他喂养

Die Gesellschaft kann nicht länger unter dieser Bourgeoisie leben

社会不能再生活在这种资产阶级的统治下

Mit anderen Worten, ihre Existenz ist nicht mehr mit der Gesellschaft vereinbar

换句话说，它的存在不再与社会相容

Die wesentliche Bedingung für die Existenz und die Herrschaft der Bourgeoisie Klasse ist die Bildung und Vermehrung des Kapitals

资产阶级存在和影响的必要条件是资本的形成和壮大

Die Bedingung für das Kapital ist Lohnarbeit

资本的条件是雇佣劳动

Die Lohnarbeit beruht ausschließlich auf der Konkurrenz zwischen den Arbeitern

雇佣劳动完全建立在劳动者之间的竞争之上

Der Fortschritt der Industrie, deren unfreiwilliger Förderer die Bourgeoisie ist, tritt an die Stelle der Isolierung der Arbeiter

工业的进步，其非自愿的推动者是资产阶级，它取代了工人的孤立

durch die Konkurrenz, durch ihre revolutionäre Kombination, durch die Assoziation

由于竞争，由于他们的革命性组合，由于协会

Die Entwicklung der modernen Industrie schneidet ihr die Grundlage unter den Füßen weg, auf der die Bourgeoisie Produkte produziert und sich aneignet

现代工业的发展，从脚下割断了资产阶级生产和占有产品的基础

Was die Bourgeoisie vor allem produziert, sind ihre eigenen Totengräber

资产阶级生产的，首先是它自己的掘墓人

Der Sturz der Bourgeoisie und der Sieg des Proletariats sind gleichermaßen unvermeidlich

资产阶级的垮台和无产阶级的胜利同样是不可避免的

Proletarier und Kommunisten
无产者和共产主义者

In welchem Verhältnis stehen die Kommunisten zu den Proletariern insgesamt?

共产党人与整个无产者的关系是什么？

Die Kommunisten bilden keine eigene Partei, die anderen Arbeiterparteien entgegengesetzt ist

共产党人没有组成一个反对其他工人阶级政党的独立政党

Sie haben keine Interessen, die von denen des Proletariats als Ganzes getrennt und getrennt sind

他们没有与整个无产阶级的利益分开的利益

Sie stellen keine eigenen sektiererischen Prinzipien auf, nach denen sie die proletarische Bewegung formen und formen könnten

他们没有建立自己的任何宗派原则来塑造和塑造无产阶级运动

Die Kommunisten unterscheiden sich von den anderen Arbeiterparteien nur durch zwei Dinge

共产党与其他工人阶级政党的区别仅在于两件事

Erstens: Sie weisen auf die gemeinsamen Interessen des gesamten Proletariats hin und bringen sie in den Vordergrund, unabhängig von jeder Nationalität

首先，他们指出并把整个无产阶级的共同利益摆在前面，不分民族

Das tun sie in den nationalen Kämpfen der Proletarier der verschiedenen Länder

他们在不同国家的无产阶级的民族斗争中就是这样做的

Zweitens vertreten sie immer und überall die Interessen der gesamten Bewegung

其次，他们无时无刻不在代表整个运动的利益

das tun sie in den verschiedenen Entwicklungsstadien, die der Kampf der Arbeiterklasse gegen die Bourgeoisie zu durchlaufen hat

他们在工人阶级反对资产阶级的斗争必须经历的各个发展阶段中都是这样做的

Die Kommunisten sind also auf der einen Seite praktisch der fortschrittlichste und entschiedenste Teil der Arbeiterparteien eines jeden Landes

因此，共产党人一方面实际上是各国工人阶级政党中最先进、最坚定的部分

Sie sind der Teil der Arbeiterklasse, der alle anderen vorantreibt

他们是工人阶级中推动所有其他阶级前进的那部分人

Theoretisch haben sie auch den Vorteil, dass sie die Marschlinie klar verstehen

从理论上讲，它们还具有清楚地了解行军路线的优势

Das verstehen sie besser im Vergleich zu der großen Masse des Proletariats

与无产阶级的广大群众相比，他们更了解这一点

Sie verstehen die Bedingungen und die letzten allgemeinen Ergebnisse der proletarischen Bewegung

他们了解无产阶级运动的条件和最终的一般结果

Das unmittelbare Ziel des Kommunisten ist dasselbe wie das aller anderen proletarischen Parteien

共产党的直接目标同所有其他无产阶级政党的直接目标相同

Ihr Ziel ist die Formierung des Proletariats zu einer Klasse

他们的目标是把无产阶级形成一个阶级

sie zielen darauf ab, die Vorherrschaft der Bourgeoisie zu stürzen

他们的目标是推翻资产阶级至高无上的地位

das Streben nach politischer Machteroberung durch das Proletariat

无产阶级夺取政权的斗争

Die theoretischen Schlußfolgerungen der Kommunisten beruhen in keiner Weise auf Ideen oder Prinzipien der Reformer

共产党人的理论结论绝不是基于改革者的思想或原则

es waren keine Möchtegern-Universalreformer, die die theoretischen Schlussfolgerungen der Kommunisten erfunden oder entdeckt haben

发明或发现共产党人的理论结论的不是潜在的普遍改革者

Sie drücken lediglich in allgemeinen Begriffen tatsächliche Verhältnisse aus, die aus einem bestehenden Klassenkampf hervorgehen

它们只是笼统地表达了从现存的阶级斗争中产生的实际关系

Und sie beschreiben die historische Bewegung, die sich unter unseren Augen abspielt und die diesen Klassenkampf hervorgebracht hat

他们描述了在我们眼皮底下发生的历史运动，这些运动造成了这场阶级斗争

Die Abschaffung bestehender Eigentumsverhältnisse ist keineswegs ein charakteristisches Merkmal des Kommunismus

废除现存的财产关系根本不是共产主义的一个显著特征

Alle Eigentumsverhältnisse in der Vergangenheit waren einem ständigen historischen Wandel unterworfen

过去的所有财产关系都不断受到历史变化的影响

Und diese Veränderungen waren eine Folge der Veränderung der historischen Bedingungen

这些变化是历史条件变化的结果

Die Französische Revolution zum Beispiel schaffte das Feudaleigentum zugunsten des Bourgeoisie Eigentums ab

例如，法国大革命废除了封建财产，取而代之的是资产阶级财产

Das Unterscheidungsmerkmal des Kommunismus ist nicht die Abschaffung des Eigentums im Allgemeinen

共产主义的显著特征不是废除财产

aber das Unterscheidungsmerkmal des Kommunismus ist die Abschaffung des Bourgeoisie Eigentums

但共产主义的显著特点是废除了资产阶级财产

Aber das Privateigentum der modernen Bourgeoisie ist der letzte und vollständigste Ausdruck des Systems der Produktion und Aneignung von Produkten

但是，现代资产阶级私有制是生产和占有产品制度的最后和最完整的表现

Es ist der Endzustand eines Systems, das auf Klassengegensätzen beruht, wobei der Klassenantagonismus die Ausbeutung der Vielen durch die Wenigen ist

这是一个建立在阶级对立基础上的制度的最终状态，在这种制度中，阶级对立是少数人对多数人的剥削

In diesem Sinne läßt sich die Theorie der Kommunisten in einem einzigen Satz zusammenfassen; die Abschaffung des Privateigentums

从这个意义上说，共产党人的理论可以用一句话来概括;废除私有财产

Uns Kommunisten hat man vorgeworfen, das Recht auf persönlichen Eigentumserwerb abschaffen zu wollen

我们共产党人因废除个人获得财产的权利而受到指责

Es wird behauptet, dass diese Eigenschaft die Frucht der eigenen Arbeit eines Menschen ist

据称，这种财产是人类自己劳动的成果

Und diese Eigenschaft soll die Grundlage aller persönlichen Freiheit, Aktivität und Unabhängigkeit sein.

据称，这种财产是所有个人自由、活动和独立的基础。

"Hart erkämpftes, selbst erworbenes, selbst verdientes Eigentum!"

"来之不易的、自得的、自赚来的财产！"

Meinst du das Eigentum des kleinen Handwerkers und des Kleinbauern?

你是说小手工业者和小农的财产吗？

Meinen Sie eine Form des Eigentums, die der Bourgeoisie Form vorausging?

你是说资产阶级形式之前的一种财产形式吗？

Es ist nicht nötig, sie abzuschaffen, die Entwicklung der Industrie hat sie zum großen Teil bereits zerstört

没有必要废除它，工业的发展在很大程度上已经摧毁了它

Und die Entwicklung der Industrie zerstört sie immer noch täglich

工业的发展每天都在摧毁它

Oder meinen Sie das moderne Bourgeoisie Privateigentum?

或者你是说现代资产阶级的私有财产？

Aber schafft die Lohnarbeit irgendein Eigentum für den Arbeiter?

但是，雇佣劳动能为劳动者创造任何财产吗？

Nein, die Lohnarbeit schafft nicht ein bisschen von dieser Art von Eigentum!

不，雇佣劳动没有创造这种财产的一点点！

Was Lohnarbeit schafft, ist Kapital; jene Art von Eigentum, das Lohnarbeit ausbeutet

雇佣劳动创造的是资本;那种剥削雇佣劳动的财产

Das Kapital kann sich nur unter der Bedingung vermehren, daß es ein neues Angebot an Lohnarbeit für neue Ausbeutung erzeugt

资本不能增加，除非是产生新的雇佣劳动供给，以便进行新的剥削

Das Eigentum in seiner jetzigen Form beruht auf dem Antagonismus von Kapital und Lohnarbeit

目前形式的财产是建立在资本和雇佣劳动的对立之上的

Betrachten wir beide Seiten dieses Antagonismus

让我们来看看这种对立的双方

Kapitalist zu sein bedeutet nicht nur, einen rein persönlichen Status zu haben

成为资本家不仅要有纯粹的个人地位

Stattdessen bedeutet Kapitalist zu sein auch, einen sozialen Status in der Produktion zu haben

相反，成为资本家也是在生产中具有社会地位

weil Kapital ein kollektives Produkt ist; Nur durch das gemeinsame Handeln vieler Mitglieder kann sie in Gang gesetzt werden

因为资本是集体产品;只有通过许多成员的联合行动，它才能启动起来

Aber dieses gemeinsame Handeln ist der letzte Ausweg und erfordert eigentlich alle Mitglieder der Gesellschaft

但这种联合行动是最后的手段，实际上需要社会所有成员

Das Kapital verwandelt sich in das Eigentum aller Mitglieder der Gesellschaft

资本确实转化为社会所有成员的财产

aber das Kapital ist also keine persönliche Macht; Es ist eine gesellschaftliche Macht

但因此，资本不是个人的力量;它是一种社会力量

Wenn also Kapital in gesellschaftliches Eigentum umgewandelt wird, so verwandelt sich dadurch nicht persönliches Eigentum in gesellschaftliches Eigentum

因此，当资本转化为社会财产时，个人财产并没有因此转化为社会财产

Nur der gesellschaftliche Charakter des Eigentums wird verändert und verliert seinen Klassencharakter

只是财产的社会性质发生了变化，失去了它的阶级性质

Betrachten wir nun die Lohnarbeit

现在让我们看看雇佣劳动

Der Durchschnittspreis der Lohnarbeit ist der Mindestlohn, d.h. das Quantum der Lebensmittel

雇佣劳动的平均价格是最低工资，即生活资料的数量

Dieser Lohn ist für die bloße Existenz als Arbeiter absolut notwendig

这个工资对于作为劳动者来说是绝对必要的

Was sich also der Lohnarbeiter durch seine Arbeit aneignet, genügt nur, um ein bloßes Dasein zu verlängern und zu reproduzieren

因此，雇佣劳动者通过他的劳动所占有的东西，只够延长和再生产一种赤裸裸的生活

Wir beabsichtigen keineswegs, diese persönliche Aneignung der Arbeitsprodukte abzuschaffen

我们决不打算废除这种对劳动产品的个人占有

eine Aneignung, die für die Erhaltung und Reproduktion des menschlichen Lebens bestimmt ist

为维持和繁衍人类生命而进行的拨款

Eine solche persönliche Aneignung der Arbeitsprodukte lässt keinen Überschuss übrig, mit dem man die Arbeit anderer befehlen könnte

这种个人对劳动产品的占有，没有留下任何剩余来支配别人的劳动

Alles, was wir beseitigen wollen, ist der erbärmliche Charakter dieser Aneignung

我们想要消除的只是这种挪用的悲惨性质

die Aneignung, unter der der Arbeiter lebt, bloß um das Kapital zu vermehren

劳动者生活所依赖的占有只是为了增加资本

Er darf nur leben, soweit es das Interesse der herrschenden Klasse erfordert

他只被允许在统治阶级的利益需要的范围内生活

In der Bourgeoisie Gesellschaft ist die lebendige Arbeit nur ein Mittel, um die akkumulierte Arbeit zu vermehren

在资产阶级社会中，活劳动不过是增加积累劳动的手段

In der kommunistischen Gesellschaft ist die akkumulierte Arbeit nur ein Mittel, um die Existenz des Arbeiters zu erweitern, zu bereichern und zu fördern

在共产主义社会中，积累的劳动只不过是扩大、丰富和促进劳动者生存的手段

In der Bourgeoisie Gesellschaft dominiert daher die Vergangenheit die Gegenwart

因此，在资产阶级社会中，过去支配着现在

In der kommunistischen Gesellschaft dominiert die Gegenwart die Vergangenheit

在共产主义社会中，现在主宰过去

In der Bourgeoisie Gesellschaft ist das Kapital unabhängig und hat Individualität

在资产阶级社会中，资本是独立的，具有个性的

In der Bourgeoisie Gesellschaft ist der lebende Mensch abhängig und hat keine Individualität

在资产阶级社会中，活着的人是依赖的，没有个性

Und die Abschaffung dieses Zustandes wird von der Bourgeoisie als Abschaffung der Individualität und Freiheit bezeichnet!

资产阶级把废除这种状况称为废除个性和自由！

Und man nennt sie mit Recht die Abschaffung von Individualität und Freiheit!

它被正确地称为废除个性和自由！

Der Kommunismus strebt die Abschaffung der Bourgeoisie Individualität an

共产主义的目标是消灭资产阶级的个性

Der Kommunismus strebt die Abschaffung der Unabhängigkeit der Bourgeoisie an

共产主义打算废除资产阶级独立

Die BourgeoisieFreiheit ist zweifellos das, was der Kommunismus anstrebt

资产阶级自由无疑是共产主义的目标

unter den gegenwärtigen Bourgeoisie Produktionsbedingungen bedeutet Freiheit freien Handel, freien Verkauf und freien Kauf

在资产阶级目前的生产条件下，自由意味着自由贸易、自由买卖

Aber wenn das Verkaufen und Kaufen verschwindet, verschwindet auch das freie Verkaufen und Kaufen

但是，如果买卖消失了，那么自由买卖也消失了

"Mutige Worte" der Bourgeoisie über den freien Verkauf und Kauf haben nur eine begrenzte Bedeutung

资产阶级关于自由买卖的"勇敢的话"只在有限的意义上有意义

Diese Worte haben nur im Gegensatz zu eingeschränktem Verkauf und Kauf eine Bedeutung

这些词只有在与限制买卖形成对比时才有意义

und diese Worte haben nur dann eine Bedeutung, wenn sie auf die gefesselten Händler des Mittelalters angewandt werden

这些词只有在应用于中世纪受束缚的商人时才有意义

und das setzt voraus, dass diese Worte überhaupt eine Bedeutung im Bourgeoisie Sinne haben

这就假定这些词在资产阶级的意义上甚至有意义

aber diese Worte haben keine Bedeutung, wenn sie gebraucht werden, um sich gegen die kommunistische Abschaffung des Kaufens und Verkaufens zu wehren

但是，当这些词被用来反对共产主义废除买卖时，它们就没有任何意义了

die Worte haben keine Bedeutung, wenn sie gebraucht werden, um sich gegen die Abschaffung der Bourgeoisie Produktionsbedingungen zu wehren

当这些词被用来反对废除资产阶级生产条件时，它们就没有意义了

und sie haben keine Bedeutung, wenn sie benutzt werden, um sich gegen die Abschaffung der Bourgeoisie selbst zu wehren

当它们被用来反对资产阶级本身被废除时，它们就没有任何意义了

Sie sind entsetzt über unsere Absicht, das Privateigentum abzuschaffen

你对我们打算废除私有财产感到震惊

Aber in eurer jetzigen Gesellschaft ist das Privateigentum für neun Zehntel der Bevölkerung bereits abgeschafft

但是在你们现有的社会中，十分之九的人口已经废除了私有财产

Die Existenz des Privateigentums für einige wenige beruht einzig und allein darauf, dass es in den Händen von neun Zehnteln der Bevölkerung nicht existiert

少数人的私有财产之所以存在，完全是因为私有财产在十分之九的人口手中不存在

Sie werfen uns also vor, daß wir eine Form des Eigentums abschaffen wollen

因此，你责备我们打算废除一种财产形式

Aber das Privateigentum erfordert für die ungeheure Mehrheit der Gesellschaft die Nichtexistenz jeglichen Eigentums

但是私有财产要求社会绝大多数人不存在任何财产

Mit einem Wort, Sie werfen uns vor, daß wir Ihr Eigentum beseitigen wollen

一句话，你责备我们打算废除你的财产

Und genau so ist es; Ihr Eigentum abzuschaffen, ist genau das, was wir beabsichtigen

事实正是如此;取消您的财产正是我们的意图

Von dem Augenblick an, wo die Arbeit nicht mehr in Kapital, Geld oder Rente verwandelt werden kann

从劳动不能再转化为资本、货币或地租的那一刻起

wenn die Arbeit nicht mehr in eine gesellschaftliche Macht umgewandelt werden kann, die monopolisiert werden kann

当劳动不能再转化为能够被垄断的社会力量时

von dem Augenblick an, wo das individuelle Eigentum
nicht mehr in Bourgeoisie Eigentum verwandelt werden
kann

从个人财产不能再转化为资产阶级财产的那一刻起

von dem Augenblick an, wo das individuelle Eigentum
nicht mehr in Kapital verwandelt werden kann

从个人财产不能再转化为资本的那一刻起

**Von diesem Moment an sagst du, dass die Individualität
verschwindet**

从那一刻起，你说个性消失了

**Sie müssen also gestehen, daß Sie mit »Individuum« keine
andere Person meinen als die Bourgeoisie**

因此，你必须承认，你所说的"个人"，除了资产阶级之外，不
是指其他人

**Sie müssen zugeben, dass es sich speziell auf den
Bourgeoisie Eigentümer von Immobilien bezieht**

你必须承认，它特指中产阶级的财产所有者

**Diese Person muss in der Tat aus dem Weg geräumt und
unmöglich gemacht werden**

事实上，这个人必须被扫地出门，变得不可能

**Der Kommunismus beraubt niemanden der Macht, sich die
Produkte der Gesellschaft anzueignen**

共产主义不剥夺任何人占有社会产品的权力

**Alles, was der Kommunismus tut, ist, ihm die Macht zu
nehmen, die Arbeit anderer durch eine solche Aneignung zu
unterjochen**

共产主义所做的一切，就是剥夺他通过这种占有来征服他人劳
动的权力

**Man hat eingewendet, daß mit der Abschaffung des
Privateigentums alle Arbeit aufhören werde**

有人反对说，一旦废除私有财产，所有工作都将停止

**Und dann wird suggeriert, dass uns die universelle Faulheit
überwältigen wird**

然后有人建议普遍的懒惰将超越我们

**Demnach hätte die BourgeoisieGesellschaft schon längst vor
lauter Müßiggang vor die Hunde gehen müssen**

据此，资产阶级社会早就应该通过纯粹的懒惰去找狗了

denn diejenigen ihrer Mitglieder, die arbeiten, erwerben nichts

因为那些工作的成员，一无所获

und diejenigen von ihren Mitgliedern, die etwas erwerben, arbeiten nicht

而那些获得任何东西的成员，则不起作用

Der ganze Einwand ist nur ein weiterer Ausdruck der Tautologie

这种反对意见的全部不过是重言式的另一种表现形式

Es kann keine Lohnarbeit mehr geben, wenn es kein Kapital mehr gibt

当不再有任何资本时，就不再有任何雇佣劳动

Es gibt keinen Unterschied zwischen materiellen und mentalen Produkten

物质产品和精神产品之间没有区别

Der Kommunismus schlägt vor, dass beides auf die gleiche Weise produziert wird

共产主义提出这两者都是以同样的方式产生的

aber die Einwände gegen die kommunistischen Produktionsweisen sind dieselben

但是反对共产主义生产这些产品的方式是一样的

Für die Bourgeoisie ist das Verschwinden des Klasseneigentums das Verschwinden der Produktion selbst

对资产阶级来说，阶级财产的消失就是生产本身的消失

So ist für ihn das Verschwinden der Klassenkultur identisch mit dem Verschwinden aller Kultur

因此，在他看来，阶级文化的消失与所有文化的消失是一样的

Diese Kultur, deren Verlust er beklagt, ist für die überwiegende Mehrheit ein bloßes Training, um als Maschine zu agieren

他为这种文化的丧失而感到遗憾，对绝大多数人来说，仅仅是一种充当机器的训练

Die Kommunisten haben die Absicht, die Kultur des Bourgeoisie Eigentums abzuschaffen

共产党人非常打算废除资产阶级财产文化

Aber zankt euch nicht mit uns, solange ihr den Maßstab eurer Bourgeoisie Vorstellungen von Freiheit, Kultur, Recht usw. anlegt

但是，只要你运用你的资产阶级自由、文化、法律等概念的标准，就不要和我们争吵

Eure Ideen selbst sind nur die Auswüchse der Bedingungen eurer Bourgeoisie Produktion und eures Bourgeoisie Eigentums

你们的思想只不过是你们的资产阶级生产条件和资产阶级财产的产物

so wie eure Jurisprudenz nichts anderes ist als der Wille eurer Klasse, der zum Gesetz für alle gemacht wurde

正如你们的法理学只不过是你们阶级的意志成为所有人的法律一样

Der wesentliche Charakter und die Richtung dieses Willens werden durch die ökonomischen Bedingungen bestimmt, die Ihre soziale Klasse schafft

这种意志的本质特征和方向是由你的社会阶层创造的经济条件决定的

Der selbstsüchtige Irrtum, der dich veranlaßt, soziale Formen in ewige Gesetze der Natur und der Vernunft zu verwandeln

自私的误解，诱使你把社会形式转化为永恒的自然法则和理性法则

die gesellschaftlichen Formen, die aus eurer gegenwärtigen Produktionsweise und Eigentumsform entspringen

从你们现在的生产方式和财产形式中产生的社会形式

historische Beziehungen, die im Fortschritt der Produktion auf- und verschwinden

在生产过程中兴起和消失的历史关系

Dieses Missverständnis teilt ihr mit jeder herrschenden Klasse, die euch vorausgegangen ist

你与你之前的每一个统治阶级都有这种误解

Was Sie bei antikem Eigentum klar sehen, was Sie bei feudalem Eigentum zugeben

在古代财产的情况下，你清楚地看到的，在封建财产的情况下，你承认的

diese Dinge dürfen Sie natürlich nicht zugeben, wenn es sich um Ihre eigene BourgeoisieEigentumsform handelt

在你自己的资产阶级财产形式的情况下，你当然是被禁止承认的

Abschaffung der Familie! Selbst die Radikalsten entrüsten sich über diesen infamen Vorschlag der Kommunisten

废除家庭！即使是最激进的人也对共产党人的这个臭名昭著的提议大发雷霆

Auf welcher Grundlage beruht die heutige Familie, die BourgeoisieFamilie?

现在的家庭，资产阶级家庭，是建立在什么基础上的？

Die Gründung der heutigen Familie beruht auf Kapital und privatem Gewinn

目前家庭的基础是建立在资本和私人利益的基础上的

In ihrer voll entwickelten Form existiert diese Familie nur unter der Bourgeoisie

在完全发展的形式中，这个家庭只存在于资产阶级中

Dieser Zustand der Dinge findet seine Ergänzung in der praktischen Abwesenheit der Familie bei den Proletariern

这种状况在无产者中家庭的实际缺席中得到了补充

Dieser Zustand ist in der öffentlichen Prostitution zu finden

这种状况可以在公开卖淫中找到

Die BourgeoisieFamilie wird wie selbstverständlich verschwinden, wenn ihr Komplement verschwindet

当资产阶级家族的补充消失时，资产阶级家族将理所当然地消失

Und beides wird mit dem Verschwinden des Kapitals verschwinden

而这两种意志都将随着资本的消失而消失

Werfen Sie uns vor, dass wir die Ausbeutung von Kindern durch ihre Eltern stoppen wollen?

你是否指责我们想要阻止父母对儿童的剥削？

Diesem Verbrechen bekennen wir uns schuldig

对于这一罪行，我们认罪

Aber, werden Sie sagen, wir zerstören die heiligsten Beziehungen, wenn wir die häusliche Erziehung durch die soziale Erziehung ersetzen

但是，你会说，当我们用社会教育取代家庭教育时，我们破坏了最神圣的关系

Ist Ihre Erziehung nicht auch sozial? Und wird sie nicht von den gesellschaftlichen Bedingungen bestimmt, unter denen man erzieht?

你的教育不是也是社会的吗？这难道不是由你教育的社会条件决定的吗？

durch direkte oder indirekte Eingriffe in die Gesellschaft, durch Schulen usw.

通过社会的直接或间接干预，通过学校等。

Die Kommunisten haben die Einmischung der Gesellschaft in die Erziehung nicht erfunden

共产党人没有发明社会对教育的干预

Sie versuchen lediglich, den Charakter dieses Eingriffs zu ändern

他们这样做只是试图改变这种干预的性质

Und sie versuchen, das Bildungswesen vor dem Einfluss der herrschenden Klasse zu retten

他们试图将教育从统治阶级的影响中拯救出来

Die Bourgeoisie spricht von der geheiligten Beziehung von Eltern und Kind

资产阶级谈论父母和孩子的神圣关系

aber dieses Geschwätz über die Familie und die Erziehung wird um so widerwärtiger, wenn wir die moderne Industrie betrachten

但是，当我们看到现代工业时，这种关于家庭和教育的鼓掌陷阱变得更加令人作呕

Alle Familienbande unter den Proletariern werden durch die moderne Industrie zerrissen

无产者之间的一切家庭关系都被现代工业撕裂了

ihre Kinder werden zu einfachen Handelsartikeln und Arbeitsinstrumenten

他们的孩子变成了简单的商业物品和劳动工具

Aber ihr Kommunisten würdet eine Gemeinschaft von Frauen schaffen, schreit die ganze Bourgeoisie im Chor

但是你们共产党人会创建一个妇女社区，让整个资产阶级齐声尖叫

Die Bourgeoisie sieht in seiner Frau ein bloßes Produktionsinstrument

资产阶级在妻子身上看到的只是生产工具

Er hört, dass die Produktionsmittel von allen ausgebeutet werden sollen

他听说生产工具要被所有人利用

Und natürlich kann er zu keinem anderen Schluß kommen, als daß das Los, allen gemeinsam zu sein, auch den Frauen zufallen wird

而且，自然，他只能得出其他结论，即所有人共同的命运同样会落在女人身上

Er hat nicht einmal den geringsten Verdacht, dass es in Wirklichkeit darum geht, die Stellung der Frau als bloße Produktionsinstrumente abzuschaffen

他甚至没有怀疑真正的意义在于消除妇女作为生产工具的地位

Im übrigen ist nichts lächerlicher als die tugendhafte Empörung unserer Bourgeoisie über die Gemeinschaft der Frauen

至于其余的，没有什么比我们资产阶级对妇女社区的道德愤慨更荒谬的了

sie tun so, als ob sie von den Kommunisten offen und offiziell eingeführt werden sollte

他们假装这是共产党人公开和正式建立的

Die Kommunisten haben es nicht nötig, die Gemeinschaft der Frauen einzuführen, sie existiert fast seit undenklichen Zeiten

共产党人没有必要引入妇女社区，它几乎从远古时代就存在

Unsere Bourgeoisie begnügt sich nicht damit, die Frauen und Töchter ihrer Proletarier zur Verfügung zu haben

我们的资产阶级不满足于拥有无产者的妻子和女儿

Sie haben das größte Vergnügen daran, ihre Frauen gegenseitig zu verführen

他们以勾引对方的妻子为乐

**Und das ist noch nicht einmal von gewöhnlichen
Prostituierten zu sprechen**

这甚至不是普通

**Die BourgeoisieEhe ist in Wirklichkeit ein System
gemeinsamer Ehefrauen**

资产阶级婚姻实际上是一种共同的妻子制度

**dann gibt es eine Sache, die man den Kommunisten
vielleicht vorwerfen könnte**

那么有一件事共产党人可能会受到指责

**Sie wollen eine offen legalisierte Gemeinschaft von Frauen
einführen**

他们希望引入一个公开合法化的妇女社区

statt einer heuchlerisch verhüllten Gemeinschaft von Frauen

而不是一个虚伪隐藏的女性社区

**Die Gemeinschaft der Frauen, die aus dem
Produktionssystem hervorgegangen ist**

从生产体系中产生的妇女社区

**Schafft das Produktionssystem ab, und ihr schafft die
Gemeinschaft der Frauen ab**

廢除生產制度，你就廢除婦女社區

**Sowohl die öffentliche Prostitution als auch die private
Prostitution wird abgeschafft**

公开卖淫和私人卖淫都被废除了

**Den Kommunisten wird noch dazu vorgeworfen, sie wollten
Länder und Nationalitäten abschaffen**

共产党人更是想废除国家和民族

**Die Arbeiter haben kein Vaterland, also können wir ihnen
nicht nehmen, was sie nicht haben**

工人没有国家，所以我们不能从他们那里拿走他们没有得到的
东西

**Das Proletariat muss vor allem die politische Herrschaft
erlangen**

无产阶级首先必须获得政治上的至高无上的地位

**Das Proletariat muss sich zur führenden Klasse der Nation
erheben**

无产阶级必须成为国家的领导阶级

Das Proletariat muss sich zur Nation konstituieren

无产阶级必须把自己建成民族

sie ist bis jetzt selbst national, wenn auch nicht im Bourgeoisie Sinne des Wortes

到目前为止，它本身是民族的，尽管不是资产阶级意义上的

Nationale Unterschiede und Gegensätze zwischen den Völkern verschwinden täglich mehr und mehr

民族差异和民族之间的对立日益消失

der Entwicklung der Bourgeoisie, der Freiheit des Handels, des Weltmarktes

由于资产阶级的发展，由于商业自由，由于世界市场

zur Gleichförmigkeit der Produktionsweise und der ihr entsprechenden Lebensbedingungen

生产方式和与之相适应的生活条件的统一性

Die Herrschaft des Proletariats wird sie noch schneller verschwinden lassen

无产阶级的至高无上地位将使他们消失得更快

Die einheitliche Aktion, wenigstens der führenden zivilisierten Länder, ist eine der ersten Bedingungen für die Befreiung des Proletariats

至少是主要文明国家的联合行动，是无产阶级解放的首要条件之一

In dem Maße, wie der Ausbeutung eines Individuums durch ein anderes ein Ende gesetzt wird, wird auch der Ausbeutung einer Nation durch eine andere ein Ende gesetzt.

随着一个人对另一个人的剥削被结束，一个国家对另一个国家的剥削也将被结束。

In dem Maße, wie der Antagonismus zwischen den Klassen innerhalb der Nation verschwindet, wird die Feindschaft einer Nation gegen die andere ein Ende haben

随着国家内部阶级之间的对立消失，一个国家对另一个国家的敌意将相应结束

Die Anschuldigungen gegen den Kommunismus, die von einem religiösen, philosophischen und allgemein von einem

ideologischen Standpunkt aus erhoben werden, verdienen keine ernsthafte Prüfung

从宗教、哲学和一般意识形态的角度对共产主义的指控不值得认真研究

Braucht es eine tiefe Intuition, um zu begreifen, dass sich die Ideen, Ansichten und Vorstellungen des Menschen mit jeder Veränderung der Bedingungen seiner materiellen Existenz ändern?

难道需要深刻的直觉才能理解人的思想、观点和观念随着物质生存条件的每一次变化而变化吗？

Ist es nicht offensichtlich, dass das Bewusstsein des Menschen sich Verändert, wenn seine sozialen Beziehungen und sein soziales Leben ändern?

当人的社会关系和社会生活发生变化时，人的意识会发生变化，这难道不是显而易见的吗？

Was beweist die Ideengeschichte anderes, als daß die geistige Produktion ihren Charakter in dem Maße ändert, wie die materielle Produktion verändert wird?

思想史除了证明知识生产随着物质生产的变化而成比例地改变其性质之外，还有什么呢？

Die herrschenden Ideen eines jeden Zeitalters waren immer die Ideen seiner herrschenden Klasse

每个时代的统治思想都是其统治阶级的思想

Wenn Menschen von Ideen sprechen, die die Gesellschaft revolutionieren, drücken sie nur eine Tatsache aus

当人们谈论彻底改变社会的想法时，他们只表达了一个事实

Innerhalb der alten Gesellschaft wurden die Elemente einer neuen geschaffen

在旧社会中，新社会的元素已经产生

und daß die Auflösung der alten Ideen mit der Auflösung der alten Daseinsverhältnisse Schritt hält

旧观念的消解与旧存在条件的消解保持同步

Als die Antike in den letzten Zügen lag, wurden die alten Religionen vom Christentum überwunden

当古代世界处于最后的阵痛中时，古老的宗教被基督教所征服

Als die christlichen Ideen im 18. Jahrhundert den rationalistischen Ideen erlagen, kämpfte die feudale Gesellschaft ihren Todeskampf mit der damals revolutionären Bourgeoisie

当基督教思想在18世纪屈服于理性主义思想时，封建社会与当时的革命资产阶级进行了殊死搏斗

Die Ideen der Religions- und Gewissensfreiheit brachten lediglich die Herrschaft des freien Wettbewerbs auf dem Gebiet des Wissens zum Ausdruck

宗教自由和良心自由的思想只是表达了知识领域内自由竞争的影响力

"Zweifellos", wird man sagen, "sind religiöse, moralische, philosophische und juristische Ideen im Laufe der geschichtlichen Entwicklung modifiziert worden"

"毫无疑问，"人们会说，"宗教、道德、哲学和法律观念在历史发展过程中发生了变化"

"Aber Religion, Moralphilosophie, Politikwissenschaft und Recht überlebten diesen Wandel ständig."

"但宗教、道德哲学、政治学和法律，不断在这种变化中幸存下来"

"Es gibt auch ewige Wahrheiten, wie Freiheit, Gerechtigkeit usw."

"还有永恒的真理，如自由、正义等"

"Diese ewigen Wahrheiten sind allen Zuständen der Gesellschaft gemeinsam"

"这些永恒的真理是所有社会状态的共同真理"

"Aber der Kommunismus schafft die ewigen Wahrheiten ab, er schafft alle Religion und alle Moral ab."

"但共产主义废除了永恒的真理，它废除了所有的宗教和所有的道德"

"Sie tut dies, anstatt sie auf einer neuen Grundlage zu konstituieren"

"它这样做，而不是在新的基础上构成它们"

"Sie handelt daher im Widerspruch zu allen bisherigen historischen Erfahrungen"

"因此，它的行为与过去的所有历史经验相矛盾"

Worauf reduziert sich dieser Vorwurf?
这种指责本身归结为什么？

Die Geschichte aller vergangenen Gesellschaften hat in der Entwicklung von Klassengegensätzen bestanden
过去所有社会的历史都是在阶级对立的发展中形成的

Antagonismen, die in verschiedenen Epochen unterschiedliche Formen annahmen
在不同时代呈现不同形式的对立

Aber welche Form sie auch immer angenommen haben mögen, eine Tatsache ist allen vergangenen Zeitaltern gemeinsam
但无论他们采取何种形式，一个事实是过去所有时代的共同事实

die Ausbeutung eines Teils der Gesellschaft durch den anderen
社会的一部分被另一部分剥削

Kein Wunder also, dass sich das gesellschaftliche Bewußtsein vergangener Zeiten innerhalb gewisser allgemeiner Formen oder allgemeiner Vorstellungen bewegt
因此，难怪过去时代的社会意识是在某些共同的形式或一般观念中运动的

(und das trotz aller Vielfalt und Vielfalt, die es zeigt)
（尽管它显示了所有的多样性和多样性）

Und diese können nur mit dem gänzlichen Verschwinden der Klassengegensätze völlig verschwinden
除非阶级对立完全消失，否则这些都不可能完全消失

Die kommunistische Revolution ist der radikalste Bruch mit den traditionellen Eigentumsverhältnissen
共产主义革命是与传统财产关系最彻底的决裂

Kein Wunder, dass ihre Entwicklung den radikalsten Bruch mit den traditionellen Vorstellungen mit sich bringt
难怪它的发展涉及与传统观念的最彻底的决裂

Aber lassen wir die Einwände der Bourgeoisie gegen den Kommunismus hinter uns
但是，让我们把资产阶级对共产主义的反对说完了

Wir haben oben den ersten Schritt der Arbeiterklasse in der Revolution gesehen

我们已经看到了工人阶级革命的第一步

Das Proletariat muss zur Herrschaft erhoben werden, um den Kampf der Demokratie zu gewinnen

无产阶级必须上升到统治的地位，才能赢得民主的战斗

Das Proletariat wird seine politische Vorherrschaft benutzen, um der Bourgeoisie nach und nach alles Kapital zu entreißen

无产阶级将利用自己的政治优势，逐步从资产阶级手中夺取一切资本

sie wird alle Produktionsmittel in den Händen des Staates zentralisieren

它将把所有生产工具集中在国家手中

Mit anderen Worten, das Proletariat organisierte sich als herrschende Klasse

换言之，无产阶级组织起来就是统治阶级

Und sie wird die Summe der Produktivkräfte so schnell wie möglich vermehren

它将尽快增加生产力总量

Natürlich kann dies anfangs nur durch despotische Eingriffe in die Eigentumsrechte geschehen

当然，在一开始，除非通过对财产权的专制干涉，否则这是无法实现的

und sie muss unter den Bedingungen der Bourgeoisie Produktion erreicht werden

它必须在资产阶级生产的条件下实现

Sie wird also durch Maßnahmen erreicht, die wirtschaftlich unzureichend und unhaltbar erscheinen

因此，它是通过在经济上似乎不足和站不住脚的措施来实现的

aber diese Mittel überflügeln sich im Laufe der Bewegung selbst

但是，在运动过程中，这些手段超越了自己

sie erfordern weitere Eingriffe in die alte Gesellschaftsordnung

它们需要进一步侵入旧的社会秩序

und sie sind unvermeidlich, um die Produktionsweise völlig zu revolutionieren

它们作为彻底改变生产方式的手段是不可避免的

Diese Maßnahmen werden natürlich in den verschiedenen Ländern unterschiedlich sein

当然，这些措施在不同的国家会有所不同

Nichtsdestotrotz wird in den am weitesten fortgeschrittenen Ländern das Folgende ziemlich allgemein anwendbar sein

然而，在最先进的国家，以下内容将非常普遍适用

1. Abschaffung des Grundeigentums und Verwendung aller Grundrenten für öffentliche Zwecke.

1.废除土地财产，将所有土地租金用于公共目的。

2. Eine hohe progressive oder abgestufte Einkommensteuer.

2.重度累进或累进所得税。

3. Abschaffung jeglichen Erbrechts.

3.废除一切继承权。

4. Konfiskation des Eigentums aller Emigranten und Rebellen.

4.没收所有移民和叛乱分子的财产。

5. Zentralisierung des Kredits in den Händen des Staates durch eine Nationalbank mit staatlichem Kapital und ausschließlichem Monopol.

5.通过拥有国家资本和独家垄断的国家银行，将信贷集中到国家手中。

6. Zentralisierung der Kommunikations- und Transportmittel in den Händen des Staates.

6.通讯和运输手段集中于国家手中。

7. Ausbau der Fabriken und Produktionsmittel im Eigentum des Staates

7.扩大国有工厂和生产工具

die Kultivierung von Ödland und die Verbesserung des Bodens überhaupt nach einem gemeinsamen Plan.

将荒地开垦开垦，并按照共同计划对土壤进行改良。

8. Gleiche Haftung aller für die Arbeit

8.人人对劳动负有同等责任

Aufbau von Industriearmeen, vor allem für die Landwirtschaft.

建立工业军队，特别是农业军队。

9. Kombination der Landwirtschaft mit dem verarbeitenden Gewerbe

9. 农业与制造业的结合

allmähliche Aufhebung der Unterscheidung zwischen Stadt und Land durch eine gleichmäßigere Verteilung der Bevölkerung über das Land.

逐步消除城乡的区别，在全国范围内更公平地分配人口。

10. Kostenlose Bildung für alle Kinder in öffentlichen Schulen.

10. 公立学校所有儿童均免费接受教育。

Abschaffung der Kinderfabrikarbeit in ihrer jetzigen Form

废除目前形式的工厂童工

Kombination von Bildung und industrieller Produktion

教育与工业生产相结合

Wenn im Laufe der Entwicklung die Klassenunterschiede verschwunden sind

在发展过程中，阶级差异消失了

und wenn die ganze Produktion in den Händen einer ungeheuren Assoziation der ganzen Nation konzentriert ist

当所有生产都集中在整个民族的广大联合手中时

dann verliert die Staatsgewalt ihren politischen Charakter

那么公共权力将失去其政治性质

Politische Macht, eigentlich so genannt, ist nichts anderes als die organisierte Macht einer Klasse, um eine andere zu unterdrücken

政治权力，恰如其分地称为政治权力，只是一个阶级压迫另一个阶级的有组织的力量

Wenn das Proletariat in seinem Kampf mit der Bourgeoisie durch die Gewalt der Umstände gezwungen ist, sich als Klasse zu organisieren

如果无产阶级在与资产阶级的较量中，由于环境的力量，被迫把自己组织成一个阶级

wenn sie sich durch eine Revolution zur herrschenden Klasse macht

如果通过革命，它使自己成为统治阶级

und als solche fegt sie mit Gewalt die alten Produktionsbedingungen hinweg

因此，它用武力扫除旧的生产条件

dann wird sie mit diesen Bedingungen auch die Bedingungen für die Existenz der Klassengegensätze und der Klassen überhaupt hinweggefegt haben

这样，它就会同这些条件一起扫除阶级对立和一般阶级存在的条件

und wird damit seine eigene Vorherrschaft als Klasse aufgehoben haben.

从而将废除它自己作为一个阶级的至高无上的地位。

An die Stelle der alten Bourgeoisie Gesellschaft mit ihren Klassen und Klassengegensätzen treten eine Assoziation

代替旧的资产阶级社会，它的阶级和阶级对立，我们将有一个联合体

eine Assoziation, in der die freie Entwicklung eines jeden die Bedingung für die freie Entwicklung aller ist

一个协会，在这个协会中，每个人的自由发展是所有人自由发展的条件

1) Reaktionärer Sozialismus
1) 反动社会主义

a) Feudaler Sozialismus
a) 封建社会主义

Die Aristokratien Frankreichs und Englands hatten eine einzigartige historische Stellung
法国和英国的贵族具有独特的历史地位

es wurde zu ihrer Berufung, Pamphlete gegen die moderne Boureoisie Gesellschaft zu schreiben
写反对现代资产阶级社会的小册子成为他们的天职

In der französischen Revolution vom Juli 1830 und in der englischen Reformagitation
在1830年7月的法国大革命和英国的改革鼓动中

Diese Aristokratien erlagen wieder dem hasserfüllten Emporkömmling
这些贵族再次屈服于可恶的暴发户

An eine ernsthafte politische Auseinandersetzung war fortan nicht mehr zu denken
从此以后，一场严肃的政治较量就完全不可能了

Alles, was möglich blieb, war eine literarische Schlacht, keine wirkliche Schlacht
剩下的只是文学之战，而不是一场真正的战斗

Aber auch auf dem Gebiet der Literatur waren die alten Schreie der Restaurationszeit unmöglich geworden
但即使在文学领域，复辟时期的旧呼声也变得不可能了

Um Sympathie zu erregen, mußte die Aristokratie offenbar ihre eigenen Interessen aus den Augen verlieren
为了引起同情，贵族们显然不得不忽视自己的利益

und sie waren gezwungen, ihre Anklage gegen die Bourgeoisie im Interesse der ausgebeuteten Arbeiterklasse zu formulieren
他们不得不为了被剥削的工人阶级的利益而对资产阶级提出控诉

So rächte sich die Aristokratie, indem sie ihren neuen Herrn verspottete

因此，贵族们通过对他们的新主人进行嘲讽来报复

Und sie rächten sich, indem sie ihm unheimliche Prophezeiungen über die kommende Katastrophe ins Ohr flüsterten

他们为了报复，在他耳边低语着即将到来的灾难的险恶预言

So entstand der feudale Sozialismus: halb Klage, halb Spott

封建社会主义就这样出现了：一半是哀叹，一半是嘲讽

Es klang halb wie ein Echo der Vergangenheit und projizierte halb die Bedrohung der Zukunft

它一半是过去的回声，一半是未来的威胁

zuweilen traf sie durch ihre bittere, geistreiche und scharfe Kritik die Bourgeoisie bis ins Mark

有时，它以尖锐、诙谐和尖锐的批评，击中了资产阶级的核心

aber es war immer lächerlich in seiner Wirkung, weil es völlig unfähig war, den Gang der neueren Geschichte zu begreifen

但它的效果总是荒谬的，因为它完全无法理解现代历史的进程

Die Aristokratie schwenkte, um das Volk um sich zu scharen, den proletarischen Almosensack als Banner

贵族们为了把人民团结到他们身边，在前面挥舞着无产阶级的施舍袋，要一面旗帜

Aber das Volk, so oft es sich zu ihnen gesellte, sah auf seinem Hinterteil die alten Feudalwappen

但是，当它加入他们时，人们经常在他们的后躯上看到旧的封建纹章

Und sie verließen mit lautem und respektlosem Gelächter

他们带着响亮而不敬的笑声离开了

Ein Teil der französischen Legitimisten und des "jungen Englands" zeigte dieses Schauspiel

一部分法国合法主义者和"年轻的英格兰"展示了这种奇观

die Feudalisten wiesen darauf hin, dass ihre Ausbeutungsweise eine andere sei als die der Bourgeoisie

封建主义者指出，他们的剥削方式与资产阶级不同

Die Feudalisten vergessen, dass sie unter ganz anderen Umständen und Bedingungen ausgebeutet haben

封建主义者忘记了他们在完全不同的环境和条件下进行剥削

Und sie haben nicht bemerkt, dass solche Methoden der Ausbeutung heute veraltet sind

他们没有注意到这种剥削方法现在已经过时了

Sie zeigten, dass unter ihrer Herrschaft das moderne Proletariat nie existiert hat

他们表明，在他们的统治下，现代无产阶级从未存在过

aber sie vergessen, daß die moderne Bourgeoisie der notwendige Sprößling ihrer eigenen Gesellschaftsform ist

但是他们忘记了现代资产阶级是他们自己社会形式的必要后代

Im übrigen verbergen sie kaum den reaktionären Charakter ihrer Kritik

其余的，他们几乎不掩饰他们批评的反动性质

ihre Hauptanklage gegen die Bourgeoisie läuft auf folgendes hinaus

他们对资产阶级的主要指控如下

unter dem Boureoisie Regime entwickelt sich eine soziale Klasse

在资产阶级政权下，一个社会阶级正在发展

Diese soziale Klasse ist dazu bestimmt, die alte Gesellschaftsordnung an der Wurzel zu zerschneiden

这个社会阶层注定要把社会的旧秩序连根拔起

Womit sie die Bourgeoisie aufpeppen, ist nicht so sehr, dass sie ein Proletariat schafft

他们用什么来培养资产阶级，与其说是它创造了一个无产阶级

womit sie die Bourgeoisie aufpeppen, ist mehr, dass sie ein revolutionäres Proletariat schafft

他们用什么来鼓舞资产阶级，更是为了它创造一个革命的无产阶级

In der politischen Praxis beteiligen sie sich daher an allen Zwangsmaßnahmen gegen die Arbeiterklasse

因此，在政治实践中，他们加入了一切针对工人阶级的强制措施

Und im gewöhnlichen Leben bücken sie sich, trotz ihrer hochtrabenden Phrasen, um die goldenen Äpfel aufzuheben, die vom Baum der Industrie fallen gelassen wurden

而在平凡的生活中，尽管他们说着高调的短语，但他们还是弯腰捡起从工业树上掉下来的金苹果

Und sie tauschen Wahrheit, Liebe und Ehre gegen den Handel mit Wolle, Rote-Bete-Zucker und Kartoffelbränden

他们用真理、爱和荣誉来换取羊毛、甜菜根糖和马铃薯烈酒的商业

Wie der Pfarrer immer Hand in Hand mit dem Gutsherrn gegangen ist, so ist es der klerikale Sozialismus mit dem feudalen Sozialismus getan

正如教区长与地主同来是相辅相成的，教士社会主义与封建社会主义同来也是同来的

Nichts ist leichter, als der christlichen Askese einen sozialistischen Anstrich zu geben

没有什么比赋予基督教禁欲主义社会主义色彩更容易的了

Hat nicht das Christentum gegen das Privateigentum, gegen die Ehe, gegen den Staat deklamiert?

基督教不是反对私有财产，反对婚姻，反对国家吗？

Hat das Christentum nicht an die Stelle dieser Nächstenliebe und Armut getreten?

难道基督教没有代替这些，慈善和贫穷吗？

Predigt das Christentum nicht den Zölibat und die Abtötung des Fleisches, das monastische Leben und die Mutter Kirche?

难道基督教不宣扬独身和肉体、修道院生活和母教会的克制吗？

Der christliche Sozialismus ist nur das Weihwasser, mit dem der Priester das Herzbrennen des Aristokraten weiht

基督教社会主义只不过是神父奉献贵族心灵燃烧的圣水

b) Kleinbürgerlicher Sozialismus
b) 小资产阶级社会主义

**Die feudale Aristokratie war nicht die einzige Klasse, die
von der Bourgeoisie ruiniert wurde**
封建贵族并不是唯一被资产阶级摧毁的阶级

**sie war nicht die einzige Klasse, deren Existenzbedingungen
in der Atmosphäre der modernen Bourgeoisie Gesellschaft
schmachten und zugrunde gingen**
它并不是唯一一个在现代资产阶级社会的气氛中生存条件被钉
住并消亡的阶级

**Die mittelalterliche Bürgerschaft und die kleinbäuerlichen
Eigentümer waren die Vorläufer des modernen Bourgeoisie**
中世纪的市民和小农主是现代资产阶级的先驱

**In den Ländern, die industriell und kommerziell nur wenig
entwickelt sind, vegetieren diese beiden Klassen noch Seite
an Seite**
在那些在工业和商业上都不太发达的国家，这两个阶级仍然并
存

**und in der Zwischenzeit erhebt sich die Bourgeoisie neben
ihnen: industriell, kommerziell und politisch**
与此同时，资产阶级在他们旁边崛起：在工业上、商业上和政
治上

**In den Ländern, in denen die moderne Zivilisation voll
entwickelt ist, hat sich eine neue Klasse des
Kleinbourgeoisie gebildet**
在现代文明充分发展的国家，形成了新的小资产阶级阶级

**diese neue soziale Klasse schwankt zwischen Proletariat
und Bourgeoisie**
这个新的社会阶级在无产阶级和资产阶级之间波动

**und sie erneuert sich ständig als ergänzender Teil der
Bourgeoisie Gesellschaft**
它作为资产阶级社会的补充部分不断更新自己

**Die einzelnen Glieder dieser Klasse aber werden
fortwährend in das Proletariat hinabgeschleudert**
然而，这个阶级的个别成员却不断地被扔到无产阶级中去

sie werden vom Proletariat durch die Einwirkung der
Konkurrenz aufgesaugt

他们被无产阶级通过竞争的作用吸走了

In dem Maße, wie sich die moderne Industrie entwickelt,
sehen sie sogar den Augenblick herannahen, in dem sie als
eigenständiger Teil der modernen Gesellschaft völlig
verschwinden wird

随着现代工业的发展，他们甚至看到了他们作为现代社会的一
个独立部分完全消失的时刻即将到来

Sie werden in der Manufaktur, in der Landwirtschaft und
im Handel durch Aufseher, Gerichtsvollzieher und Krämer
ersetzt werden

在制造业、农业和商业领域，他们将被监督员、法警和店员所
取代

In Ländern wie Frankreich, wo die Bauern weit mehr als die
Hälfte der Bevölkerung ausmachen

在法国这样的国家，农民占人口的一半以上

es war natürlich, dass es Schriftsteller gab, die sich auf die
Seite des Proletariats gegen die Bourgeoisie stellten

很自然地，有些作家站在无产阶级一边反对资产阶级

in ihrer Kritik am Bourgeoisie Regime benutzten sie den
Maßstab des Bauern- und Kleinbourgeoisie

在对资产阶级政权的批评中，他们使用了农民和小资产阶级的
标准

Und vom Standpunkt dieser Zwischenklassen aus ergreifen
sie die Keule für die Arbeiterklasse

从这些中间阶级的立场来看，他们拿起了工人阶级的棍棒

So entstand der Kleinbourgeoisie Sozialismus, dessen
Haupt Sismondi nicht nur in Frankreich, sondern auch in
England war

于是出现了小资产阶级社会主义，西斯蒙第是这所学校的负责
人，不仅在法国，而且在英国

Diese Schule des Sozialismus sezierte mit großer Schärfe die
Widersprüche in den Bedingungen der modernen
Produktion

这个社会主义学派非常敏锐地剖析了现代生产条件中的矛盾

Diese Schule entlarvte die heuchlerischen Entschuldigungen der Ökonomen

这所学校揭露了经济学家虚伪的道歉

Diese Schule bewies unwiderlegbar die verheerenden Auswirkungen der Maschinerie und der Arbeitsteilung

这所学校无可争辩地证明了机器和劳动分工的灾难性影响

Es bewies die Konzentration von Kapital und Grund und Boden in wenigen Händen

它证明了资本和土地集中在少数人手中

sie bewies, wie Überproduktion zu Bourgeoisie-Krisen führt

它证明了生产过剩如何导致资产阶级危机

sie wies auf den unvermeidlichen Ruin des Kleinbourgeoisie' und der Bauern hin

它指出了小资产阶级和农民的不可避免的毁灭

das Elend des Proletariats, die Anarchie in der Produktion, die schreiende Ungleichheit in der Verteilung des Reichtums

无产阶级的苦难，生产中的无政府状态，财富分配中的不平等

Er zeigte, wie das Produktionssystem den industriellen Vernichtungskrieg zwischen den Nationen führt

它展示了生产体系如何导致国家之间的工业灭绝战争

die Auflösung der alten sittlichen Bande, der alten Familienverhältnisse, der alten Nationalitäten

旧的道德纽带、旧的家庭关系、旧的民族的解体

In ihren positiven Zielen strebt diese Form des Sozialismus jedoch eines von zwei Dingen an

然而，就其积极目标而言，这种形式的社会主义渴望实现两件事之一

Entweder zielt sie darauf ab, die alten Produktions- und Tauschmittel wiederherzustellen

它的目标是恢复旧的生产方式和交换方式

und mit den alten Produktionsmitteln würde sie die alten Eigentumsverhältnisse und die alte Gesellschaft wiederherstellen

有了旧的生产资料，它就会恢复旧的财产关系和旧社会

oder sie zielt darauf ab, die modernen Produktions- und Austauschmittel in den alten Rahmen der Eigentumsverhältnisse zu zwängen

或者它旨在将现代生产和交换手段限制在财产关系的旧框架中

In beiden Fällen ist es sowohl reaktionär als auch utopisch

无论哪种情况，它都是反动的和乌托邦的

Seine letzten Worte lauten: Korporativzünfte für die Manufaktur, patriarchalische Verhältnisse in der Landwirtschaft

它的最后一句话是：制造业的公司行会，农业中的父权关系

Schließlich, als hartnäckige historische Tatsachen alle berauschenden Wirkungen der Selbsttäuschung zerstreut hatten,

最终，当顽固的历史事实驱散了所有自欺欺人的醉人影响时

diese Form des Sozialismus endete in einem elenden Anfall von Mitleid

这种形式的社会主义以悲惨的怜悯告终

c) Deutscher oder "wahrer" Sozialismus
c) 德国的，或"真正的"社会主义

Die sozialistische und kommunistische Literatur Frankreichs entstand unter dem Druck einer herrschenden Bourgeoisie
法国的社会主义和共产主义文学起源于当权资产阶级的压力
Und diese Literatur war der Ausdruck des Kampfes gegen diese Macht
这种文学是与这种力量斗争的表达
sie wurde in Deutschland zu einer Zeit eingeführt, als die Bourgeoisie gerade ihren Kampf mit dem feudalen Absolutismus begonnen hatte
它是在资产阶级刚刚开始与封建专制主义的斗争时引入德国的
Deutsche Philosophen, Möchtegern-Philosophen und Beaux Esprits griffen begierig zu dieser Literatur
德国哲学家、未来的哲学家和美女们都热切地抓住了这些文献
aber sie vergaßen, daß die Schriften aus Frankreich nach Deutschland einwanderten, ohne die französischen Gesellschaftsverhältnisse mitzubringen
但他们忘记了，这些著作是从法国移民到德国的，并没有带来法国的社会状况
Im Kontakt mit den deutschen gesellschaftlichen Verhältnissen verlor diese französische Literatur ihre unmittelbare praktische Bedeutung
在与德国社会条件的接触中，这种法国文学失去了所有直接的现实意义
und die kommunistische Literatur Frankreichs nahm in deutschen akademischen Kreisen einen rein literarischen Aspekt an
法国的共产主义文学在德国学术界呈现出纯粹的文学一面
So waren die Forderungen der ersten Französischen Revolution nichts anderes als die Forderungen der "praktischen Vernunft"
因此，第一次法国大革命的要求只不过是"实践理性"的要求

und die Willensäußerung der revolutionären französischen
Bourgeoisie bedeutete in ihren Augen das Gesetz des reinen
Willens

在他们眼中，革命的法国资产阶级的意志的表达标志着纯粹意
志的法则

es bedeutete den Willen, wie er sein mußte; des wahren
menschlichen Willens überhaupt

它象征着意志的必然;一般而言，真正的人类意志

Die Welt der deutschen Literaten bestand einzig und allein
darin, die neuen französischen Ideen mit ihrem alten
philosophischen Gewissen in Einklang zu bringen

德国文人的世界完全在于使新的法国思想与他们古老的哲学良
知相协调

oder vielmehr, sie annektierten die französischen Ideen,
ohne ihren eigenen philosophischen Standpunkt
aufzugeben

或者更确切地说，他们吞并了法国的思想，而没有放弃自己的
哲学观点

Diese Annexion vollzog sich auf die gleiche Weise, wie man
sich eine Fremdsprache aneignet, nämlich durch
Übersetzung

这种兼并的发生方式与挪用外语的方式相同，即通过翻译

Es ist bekannt, wie die Mönche alberne Leben katholischer
Heiliger über Manuskripte schrieben

众所周知，僧侣们是如何在手稿上写下天主教圣徒的愚蠢生活

die Manuskripte, auf denen die klassischen Werke des
antiken Heidentums geschrieben waren

写有古代异教经典著作的手稿

Die deutschen Literaten kehrten diesen Prozess mit der
profanen französischen Literatur um

德国文人用亵渎的法国文学扭转了这一过程

Sie schrieben ihren philosophischen Unsinn unter das
französische Original

他们在法国原版下面写下了他们的哲学废话

Zum Beispiel schrieben sie unter der französischen Kritik an den ökonomischen Funktionen des Geldes "Entfremdung der Menschheit"

例如，在法国对货币经济功能的批评之下，他们写了《人类的异化》

unter die französische Kritik am Bourgeoisie Staat schrieben sie "Entthronung der Kategorie des Generals"

在法国对资产阶级国家的批评之下，他们写下了"将军类别的废黜"

Die Einführung dieser philosophischen Phrasen hinter der französischen Geschichtskritik nannten sie:

在法国历史批评的背后引入这些哲学短语，他们称之为：

"Philosophie des Handelns", "Wahrer Sozialismus", "Deutsche Sozialismuswissenschaft", "Philosophische Grundlagen des Sozialismus" und so weiter

《行动哲学》《真正的社会主义》《德国社会主义科学》《社会主义的哲学基础》等等

Die französische sozialistische und kommunistische Literatur wurde damit völlig entmannt

法国社会主义和共产主义文学就这样被彻底阉割了

in den Händen der deutschen Philosophen hörte sie auf, den Kampf der einen Klasse mit der anderen auszudrücken

在德国哲学家的手中，它不再表现一个阶级与另一个阶级的斗争

und so fühlten sich die deutschen Philosophen bewußt, die "französische Einseitigkeit" überwunden zu haben

因此，德国哲学家们意识到已经克服了"法国的片面性"

Sie musste keine wahren Forderungen repräsentieren, sondern sie repräsentierte Forderungen der Wahrheit

它不必代表真实的要求，相反，它代表了真理的要求

es gab kein Interesse am Proletariat, sondern an der menschlichen Natur

对无产阶级没有兴趣，相反，对人性感兴趣

das Interesse galt dem Menschen überhaupt, der keiner Klasse angehört und keine Wirklichkeit hat

兴趣是一般的人，他不属于任何阶级，也没有现实

ein Mann, der nur im nebligen Reich der philosophischen
Fantasie existiert
一个只存在于哲学幻想的迷雾境界的人

aber schließlich verlor auch dieser deutsche
Schulsozialismus seine pedantische Unschuld
但最终这个小学生德国社会主义也失去了迂腐的纯真

die deutsche Bourgeoisie und besonders die preußische
Bourgeoisie kämpfte gegen die feudale Aristokratie
德国资产阶级，特别是普鲁士资产阶级反对封建贵族

auch die absolute Monarchie Deutschlands und Preußens
wurde bekämpft
德意志和普鲁士的绝对君主制也受到反对

Und im Gegenzug wurde auch die Literatur der liberalen
Bewegung ernster
反过来，自由主义运动的文学也变得更加认真

Deutschlands lang ersehnte Chance auf einen "wahren"
Sozialismus wurde geboten
德国为"真正的"社会主义提供了人们期待已久的机会

die Möglichkeit, die politische Bewegung mit den
sozialistischen Forderungen zu konfrontieren
用社会主义的要求来对抗政治运动的机会

die Gelegenheit, die traditionellen Bannsprüche gegen den
Liberalismus zu schleudern
向自由主义抛出传统诅咒的机会

die Möglichkeit, die repräsentative Regierung und die
Bourgeoisie Konkurrenz anzugreifen
攻击代议制政府和资产阶级竞争的机会

Pressefreiheit der Bourgeoisie, Bourgeoisie Gesetzgebung,
Bourgeoisie Freiheit und Gleichheit
资产阶级新闻自由，资产阶级立法，资产阶级自由和平等

All dies könnte nun in der realen Welt kritisiert werden,
anstatt in der Fantasie
所有这些现在都可以在现实世界中受到批评，而不是在幻想中

Feudalaristokratie und absolute Monarchie hatten den
Massen lange gepredigt
封建贵族和君主专制长期以来一直向群众宣扬

"Der Arbeiter hat nichts zu verlieren und er hat alles zu gewinnen"

"工人没有什么可失去的，他拥有一切可以得到的"

auch die Bourgeoisie bewegung bot eine Chance, sich mit diesen Plattitüden auseinanderzusetzen

资产阶级运动也为面对这些陈词滥调提供了机会

die französische Kritik setzte die Existenz der modernen Bourgeoisie Gesellschaft voraus

法国的批评以现代资产阶级社会的存在为前提

Bourgeoisie, ökonomische Existenzbedingungen und Bourgeoisie politische Verfassung

资产阶级的经济生存条件和资产阶级政治宪法

gerade die Dinge, deren Errungenschaft Gegenstand des in Deutschland anstehenden Kampfes war

这些东西的成就正是德国悬而未决的斗争的目标

Deutschlands albernes Echo des Sozialismus hat diese Ziele gerade noch rechtzeitig aufgegeben

德国对社会主义的愚蠢回声在时间紧迫的情况下放弃了这些目标

Die absoluten Regierungen hatten ihre Gefolgschaft aus Pfarrern, Professoren, Landjunkern und Beamten

专制政府有他们的追随者帕森斯、教授、乡绅和官员

die damalige Regierung begegnete den deutschen Arbeiteraufständen mit Auspeitschungen und Kugeln

当时的政府用鞭笞和子弹来应对德国工人阶级的起义

ihnen diente dieser Sozialismus als willkommene Vogelscheuche gegen die drohende Bourgeoisie

对他们来说，这种社会主义是对抗威胁资产阶级的受欢迎的稻草人

und die deutsche Regierung konnte nach den bitteren Pillen, die sie austeilte, ein süßes Dessert anbieten

德国政府在分发苦药后能够提供甜食

dieser "wahre" Sozialismus diente also den Regierungen als Waffe im Kampf gegen die deutsche Bourgeoisie

因此，这种"真正的"社会主义为政府服务，成为与德国资产阶级作斗争的武器

und gleichzeitig repräsentierte sie direkt ein reaktionäres
Interesse; die der deutschen Philister

同时，它直接代表了反动的利益;德意志非利士人

In Deutschland ist das Kleinbourgeoisie die wirkliche
gesellschaftliche Grundlage des bestehenden Zustandes

在德国，小资产阶级是现存事物的真正社会基础

Ein Relikt des sechzehnten Jahrhunderts, das immer wieder
in verschiedenen Formen auftaucht

十六世纪的遗迹，不断以各种形式出现

Diese Klasse zu bewahren bedeutet, den bestehenden
Zustand in Deutschland zu bewahren

保持这个阶级就是保持德国的现有状态

Die industrielle und politische Vorherrschaft der
Bourgeoisie bedroht das KleinBourgeoisie mit der sicheren
Vernichtung

资产阶级的工业和政治霸权使小资产阶级受到一定的破坏

auf der einen Seite droht sie das Kleinbourgeoisiedurch die
Konzentration des Kapitals zu vernichten

一方面，它威胁要通过资本集中来消灭小资产阶级

auf der anderen Seite droht die Bourgeoisie, sie durch den
Aufstieg eines revolutionären Proletariats zu zerstören

另一方面，资产阶级威胁要通过革命无产阶级的崛起来摧毁它

Der "wahre" Sozialismus schien diese beiden Fliegen mit
einer Klappe zu schlagen. Es breitete sich wie eine Epidemie
aus

"真正的"社会主义似乎一石二鸟。它像流行病一样传播

Das Gewand spekulativer Spinnweben, bestickt mit Blumen
der Rhetorik, durchtränkt vom Tau kränklicher Gefühle

投机的蜘蛛网长袍，绣着修辞的花朵，浸泡在病态情感的露水
中

dieses transzendentale Gewand, in das die deutschen
Sozialisten ihre traurigen "ewigen Wahrheiten" hüllten

这件超然的长袍，德国社会主义者包裹着他们可悲的"永恒真理
"

alle Haut und Knochen, dienten dazu, den Absatz ihrer
Waren bei einem solchen Publikum wunderbar zu
vermehren.

所有的皮肤和骨头，都奇妙地增加了他们的商品在这样的公众中的销售

Und der deutsche Sozialismus seinerseits erkannte mehr und mehr seine eigene Berufung

就其本身而言，德国社会主义越来越认识到自己的使命

sie war berufen, die bombastische Vertreterin des Kleinbourgeoisie Philisters zu sein

它被称为小资产阶级非利士人的夸张代表

Sie proklamierte die deutsche Nation als Musternation und den deutschen Kleinphilister als Mustermann

它宣称德意志民族是模范民族，而德国小非利士人是模范民族

Jeder schurkischen Gemeinheit dieses Mustermenschen gab sie eine verborgene, höhere, sozialistische Deutung

对于这个模范人物的每一个邪恶的卑鄙行为，它都给出了一种隐藏的、更高的、社会主义的解释

diese höhere, sozialistische Deutung war das genaue Gegenteil ihres wirklichen Charakters

这种更高的社会主义解释与其真实性质完全相反

Sie ging so weit, sich der "brutal destruktiven" Tendenz des Kommunismus direkt entgegenzustellen

它竭尽全力直接反对共产主义的"残酷破坏性"倾向

und sie proklamierte ihre höchste und unparteiische Verachtung aller Klassenkämpfe

它宣称它对一切阶级斗争的至高无上和公正的蔑视

Mit sehr wenigen Ausnahmen gehören alle sogenannten sozialistischen und kommunistischen Publikationen, die jetzt (1847) in Deutschland zirkulieren, in den Bereich dieser üblen und entnervenden Literatur

除了极少数例外，现在（1847年）在德国流传的所有所谓的社会主义和共产主义出版物都属于这种肮脏而充满活力的文学作品的范畴

2) Konservativer Sozialismus oder bürgerlicher Sozialismus
2) 保守社会主义，或资产阶级社会主义

Ein Teil der Bourgeoisie will soziale Missstände beseitigen
资产阶级的一部分渴望纠正社会不满
um den Fortbestand der Bourgeoisie Gesellschaft zu sichern
为了保证资产阶级社会的继续存在
Zu dieser Sektion gehören Ökonomen, Philanthropen, Menschenfreunde
这部分属于经济学家、慈善家、人道主义者
Verbesserer der Lage der Arbeiterklasse und Organisatoren der Wohltätigkeit
工人阶级状况的改善者和慈善事业的组织者
Mitglieder von Gesellschaften zur Verhütung von Tierquälerei
防止虐待动物协会成员
Mäßigkeitsfanatiker, Loch-und-Ecken-Reformer aller erdenklichen Art
节制狂热者，各种可以想象的改革者
Diese Form des Sozialismus ist überdies zu vollständigen Systemen ausgearbeitet worden
而且，这种形式的社会主义已经发展成完整的制度
Als Beispiel für diese Form sei Proudhons "Philosophie de la Misère" angeführt
我们可以引用蒲鲁东的《悲惨世界哲学》作为这种形式的一个例子
Die sozialistische Bourgeoisie will alle Vorteile der modernen gesellschaftlichen Verhältnisse
社会主义资产阶级想要现代社会条件的一切好处
aber die sozialistische Bourgeoisie will nicht unbedingt die daraus resultierenden Kämpfe und Gefahren
但社会主义资产阶级并不一定想要由此产生的斗争和危险
Sie wollen den bestehenden Zustand der Gesellschaft, abzüglich ihrer revolutionären und zerfallenden Elemente
他们渴望社会的现有状态，减去其革命和瓦解的因素
mit anderen Worten, sie wünschen sich eine Bourgeoisie ohne Proletariat

换句话说，他们希望有一个没有无产阶级的资产阶级

Die Bourgeoisie begreift natürlich die Welt, in der sie die höchste ist, die Beste zu sein

资产阶级自然而然地设想了一个至高无上的世界，在这个世界里，最好的是至高无上的

und der Bourgeoisie Sozialismus entwickelt diese bequeme Auffassung zu verschiedenen mehr oder weniger vollständigen Systemen

资产阶级社会主义把这种舒适的概念发展成各种或多或少完整的制度

sie wünschen sich sehr, dass das Proletariat geradewegs in das soziale Neue Jerusalem marschiert

他们非常希望无产阶级直接进入社会的新耶路撒冷

Aber in Wirklichkeit verlangt sie, dass das Proletariat innerhalb der Grenzen der bestehenden Gesellschaft bleibt

但实际上，它要求无产阶级保持在现存社会的范围内

sie fordern das Proletariat auf, alle seine hasserfüllten Ideen über die Bourgeoisie abzulegen

他们要求无产阶级抛弃他们对资产阶级的一切仇恨思想

es gibt eine zweite, praktischere, aber weniger systematische Form dieses Sozialismus

这种社会主义还有第二种更实际但不那么系统的形式

Diese Form des Sozialismus versuchte, jede revolutionäre Bewegung in den Augen der Arbeiterklasse abzuwerten

这种形式的社会主义试图在工人阶级眼中贬低每一场革命运动

Sie argumentieren, dass keine bloße politische Reform für sie von Vorteil sein könnte

他们认为，单纯的政治改革对他们没有任何好处

nur eine Veränderung der materiellen Existenzbedingungen in den wirtschaftlichen Beziehungen ist von Nutzen

只有改变经济关系中的物质生存条件才是有益的

Wie der Kommunismus tritt auch diese Form des Sozialismus für eine Veränderung der materiellen Existenzbedingungen ein

与共产主义一样，这种形式的社会主义主张改变物质生存条件

Diese Form des Sozialismus bedeutet jedoch keineswegs, dass die Bourgeoisie Produktionsverhältnisse abgeschafft werden

但是，这种形式的社会主义决不是要废除资产阶级的生产关系

die Abschaffung der Bourgeoisie Produktionsverhältnisse kann nur durch eine Revolution erreicht werden

资产阶级生产关系的废除只能通过革命来实现

Doch statt einer Revolution schlägt diese Form des Sozialismus Verwaltungsreformen vor

但是，这种形式的社会主义不是革命，而是行政改革

und diese Verwaltungsreformen würden auf dem Fortbestand dieser Beziehungen beruhen

这些行政改革将基于这些关系的继续存在

Reformen, die in keiner Weise die Beziehungen zwischen Kapital und Arbeit berühren

因此，改革绝不影响资本和劳动的关系

im besten Fall verringern solche Reformen die Kosten und vereinfachen die Verwaltungsarbeit der Bourgeoisie Regierung

充其量，这种改革只是降低了资产阶级政府的成本，简化了行政工作

Der Bourgeoisie Sozialismus kommt dann und nur dann adäquat zum Ausdruck, wenn er zur bloßen Redewendung wird

资产阶级社会主义在资产阶级社会主义成为纯粹的修辞手法时，也只有当它成为一种修辞手法时，才能得到充分的表达

Freihandel: zum Wohle der Arbeiterklasse

自由贸易：为了工人阶级的利益

Schutzpflichten: zum Wohle der Arbeiterklasse

保护职责：为了工人阶级的利益

Gefängnisreform: zum Wohle der Arbeiterklasse

监狱改革：为了工人阶级的利益

Das ist das letzte Wort und das einzig ernst gemeinte Wort des Bourgeoisie Sozialismus

这是资产阶级社会主义的最后一句话，也是唯一一句严肃的话

Sie ist in dem Satz zusammengefasst: Die Bourgeoisie ist eine Bourgeoisie zum Wohle der Arbeiterklasse

可以概括为：资产阶级是为工人阶级谋福利的资产阶级

3) Kritisch-utopischer Sozialismus und Kommunismus
3) 批判乌托邦社会主义和共产主义

Wir beziehen uns hier nicht auf jene Literatur, die den Forderungen des Proletariats immer eine Stimme gegeben hat
我们在这里不是指那种总是表达无产阶级要求的文学

dies war in jeder großen modernen Revolution vorhanden, wie z. B. in den Schriften von Babeuf und anderen
这在每一次伟大的现代革命中都存在，例如巴贝夫和其他人的著作

Die ersten unmittelbaren Versuche des Proletariats, seine eigenen Ziele zu erreichen, scheiterten notwendigerweise
无产阶级实现自己目的的第一次直接尝试必然失败

Diese Versuche wurden in Zeiten allgemeiner Aufregung unternommen, als die feudale Gesellschaft gestürzt wurde
这些尝试是在封建社会被推翻的普遍兴奋时期进行的

Der damals noch unterentwickelte Zustand des Proletariats führte zum Scheitern dieser Versuche
当时无产阶级的不发达状态导致了这些尝试的失败

und sie scheiterten am Fehlen der wirtschaftlichen Voraussetzungen für ihre Emanzipation
由于缺乏解放的经济条件，他们失败了

Bedingungen, die erst noch geschaffen werden mussten und die durch die bevorstehende Epoche der Bourgeoisie allein hervorgebracht werden konnten
这些条件尚未产生，而且可能仅由即将到来的资产阶级时代产生

Die revolutionäre Literatur, die diese ersten Bewegungen des Proletariats begleitete, hatte notwendigerweise einen reaktionären Charakter
伴随无产阶级的最初运动的革命文学必然具有反动性质

Diese Literatur schärfte universelle Askese und soziale Nivellierung in ihrer gröbsten Form ein
这些文学以最粗暴的形式灌输了普遍的禁欲主义和社会平等

Die sozialistischen und kommunistischen Systeme, die man eigentlich so nennt, entstehen in der frühen unentwickelten Periode

社会主义和共产主义制度，恰如其分地称为社会主义和共产主义制度，是在早期不发达时期出现的

Saint-Simon, Fourier, Owen und andere beschrieben den Kampf zwischen Proletariat und Bourgeoisie (siehe Abschnitt 1)

圣西门、傅立叶、欧文等人描述了无产阶级和资产阶级之间的斗争（见第1节）

Die Begründer dieser Systeme sehen in der Tat die Klassengegensätze

这些制度的创始人确实看到了阶级对立

Sie sehen auch das Wirken der sich zersetzenden Elemente in der herrschenden Gesellschaftsform

他们还看到了在社会的普遍形式中分解元素的作用

Aber das Proletariat, das noch in den Kinderschuhen steckt, bietet ihnen das Schauspiel einer Klasse ohne jede historische Initiative

但是，无产阶级还处于起步阶段，却向他们展示了一个没有任何历史主动性的阶级的景象

Sie sehen das Schauspiel einer sozialen Klasse ohne unabhängige politische Bewegung

他们看到了一个没有任何独立政治运动的社会阶层的景象

Die Entwicklung des Klassengegensatzes hält mit der Entwicklung der Industrie Schritt

阶级对立的发展与工业的发展是一致的

Die ökonomische Lage bietet ihnen also noch nicht die materiellen Bedingungen für die Befreiung des Proletariats

因此，经济形势还没有为他们提供解放无产阶级的物质条件

Sie suchen also nach einer neuen Sozialwissenschaft, nach neuen sozialen Gesetzen, die diese Bedingungen schaffen sollen

因此，他们寻找一种新的社会科学，寻找新的社会规律，以创造这些条件

historisches Handeln besteht darin, sich ihrem persönlichen erfinderischen Handeln zu beugen

历史行动就是屈服于他们个人的创造性行动

Historisch geschaffene Emanzipationsbedingungen sollen phantastischen Verhältnissen weichen

历史上创造的解放条件将屈服于梦幻般的条件

und die allmähliche, spontane Klassenorganisation des Proletariats soll der Organisation der Gesellschaft weichen

无产阶级的渐进的、自发的阶级组织是要屈服于社会组织

die Organisation der Gesellschaft, die von diesen Erfindern eigens ersonnen wurde

这些发明家专门设计的社会组织

Die zukünftige Geschichte löst sich in ihren Augen in die Propaganda und die praktische Durchführung ihrer sozialen Pläne auf

在他们眼中，未来的历史将自己归结为宣传和实际执行他们的社会计划

Bei der Ausarbeitung ihrer Pläne sind sie sich bewußt, daß sie sich in erster Linie um die Interessen der Arbeiterklasse kümmern

在制定计划时，他们意识到主要关心工人阶级的利益

Nur unter dem Gesichtspunkt, die leidendste Klasse zu sein, existiert das Proletariat für sie

只有从最受苦阶级的角度来看，无产阶级才为他们而存在

Der unentwickelte Zustand des Klassenkampfes und ihre eigene Umgebung prägen ihre Meinungen

阶级斗争的不发达状态和他们自己的环境影响了他们的意见

Sozialisten dieser Art halten sich allen Klassengegensätzen weit überlegen

这种社会主义者认为自己远远优于一切阶级对立

Sie wollen die Lage jedes Mitglieds der Gesellschaft verbessern, auch die der Begünstigten

他们希望改善社会每个成员的状况，甚至是最受宠爱的人的状况

Daher appellieren sie gewöhnlich an die Gesellschaft als Ganzes, ohne Unterschied der Klasse

因此，他们习惯性地诉诸整个社会，不分阶级

Ja, sie appellieren an die Gesellschaft als Ganzes, indem sie die herrschende Klasse bevorzugen

不，他们通过偏爱统治阶级来吸引整个社会

Für sie ist alles, was es braucht, dass andere ihr System verstehen

对他们来说，所需要的只是让其他人了解他们的系统

Denn wie können die Menschen nicht erkennen, dass der bestmögliche Plan für den bestmöglichen Zustand der Gesellschaft ist?

因为人们怎么能看不到最好的计划是为了最好的社会状态呢？

Daher lehnen sie jede politische und vor allem jede revolutionäre Aktion ab

因此，他们拒绝一切政治行动，特别是一切革命行动

Sie wollen ihre Ziele mit friedlichen Mitteln erreichen

他们希望通过和平手段达到目的

Sie bemühen sich durch kleine Experimente, die notwendigerweise zum Scheitern verurteilt sind

他们通过小实验来努力，而这些实验注定要失败

und durch die Kraft des Beispiels versuchen sie, den Weg für das neue soziale Evangelium zu ebnen

他们以身作则，试图为新的社会福音铺平道路

Welch phantastische Bilder von der zukünftigen Gesellschaft, gemalt in einer Zeit, in der sich das Proletariat noch in einem sehr unterentwickelten Zustand befindet

在无产阶级还处于非常不发达状态的时候，描绘了未来社会的如此梦幻般的图景

und sie hat immer noch nur eine phantastische Vorstellung von ihrer eigenen Stellung

它仍然对自己的立场有一个幻想的概念

aber ihre ersten instinktiven Sehnsüchte entsprechen den Sehnsüchten des Proletariats

但是他们最初的本能渴望与无产阶级的渴望是一致的

Beide sehnen sich nach einem allgemeinen Umbau der Gesellschaft

两人都渴望社会的全面重建

Aber diese sozialistischen und kommunistischen Veröffentlichungen enthalten auch ein kritisches Element

但这些社会主义和共产主义出版物也包含一个关键因素

Sie greifen jedes Prinzip der bestehenden Gesellschaft an

他们攻击现存社会的每一个原则

Daher sind sie voll von den wertvollsten Materialien für die Aufklärung der Arbeiterklasse

因此，它们充满了对工人阶级启蒙的最有价值的材料

Sie schlagen die Abschaffung der Unterscheidung zwischen Stadt und Land und der Familie vor

他们建议废除城乡和家庭的区别

die Abschaffung des Gewerbetreibens für Rechnung von Privatpersonen

废除私人经营的工业

und die Abschaffung des Lohnsystems und die Proklamation des sozialen Friedens

废除工资制度，宣布社会和谐

die Verwandlung der Funktionen des Staates in eine bloße Aufsicht über die Produktion

将国家职能转变为纯粹的生产监督

Alle diese Vorschläge deuten einzig und allein auf das Verschwinden der Klassengegensätze hin

所有这些建议都只指向阶级对立的消失

Klassengegensätze waren damals gerade erst im Entstehen begriffen

当时，阶级对立才刚刚出现

In diesen Veröffentlichungen werden diese Klassengegensätze nur in ihren frühesten, undeutlichen und unbestimmten Formen anerkannt

在这些出版物中，这些阶级对立只是以最早的、模糊的和未定义的形式被承认

Diese Vorschläge haben also rein utopischen Charakter

因此，这些建议具有纯粹的乌托邦性质

Die Bedeutung des kritisch-utopischen Sozialismus und des Kommunismus steht in einem umgekehrten Verhältnis zur historischen Entwicklung

批判乌托邦社会主义和共产主义的意义与历史发展呈反比关系

Der moderne Klassenkampf wird sich entwickeln und weiter konkrete Gestalt annehmen

现代阶级斗争将发展并继续形成一定的形式

Dieses fantastische Ansehen des Wettbewerbs wird jeden
praktischen Wert verlieren
比赛中的这种梦幻般的地位将失去所有实用价值

Diese phantastischen Angriffe auf die Klassengegensätze
verlieren jede theoretische Rechtfertigung
这些对阶级对立的奇妙攻击将失去所有理论上的正当性

Die Urheber dieser Systeme waren in vielerlei Hinsicht
revolutionär
这些系统的鼻祖在许多方面都是革命性的

Aber ihre Jünger haben in jedem Fall bloße reaktionäre
Sekten gebildet
但他们的门徒，在任何情况下，都只是形成了反动的教派

Sie halten an den ursprünglichen Ansichten ihrer Meister
fest
他们紧紧抓住主人的原始观点

Aber diese Anschauungen stehen im Gegensatz zur
fortschreitenden geschichtlichen Entwicklung des
Proletariats
但这些观点是同无产阶级的进步历史发展相悖的

Sie bemühen sich daher, und zwar konsequent, den
Klassenkampf abzustumpfen
因此，他们努力，而且始终如一地扼杀阶级斗争

Und sie bemühen sich konsequent, die Klassengegensätze
zu versöhnen
他们始终如一地努力调和阶级对立

Noch träumen sie von der experimentellen Umsetzung ihrer
gesellschaftlichen Utopien
他们仍然梦想着通过实验实现他们的社会乌托邦

sie träumen immer noch davon, isolierte "Phalanster" zu
gründen und "Heimatkolonien" zu gründen
他们仍然梦想着建立孤立的"方阵"并建立"本土殖民地"

sie träumen davon, eine "Kleine Ikaria" zu errichten –
Duodecimo-Ausgaben des Neuen Jerusalem
他们梦想着建立一个"小伊卡里亚"——新耶路撒冷的十二分之
一版本

Und sie träumen davon, all diese Luftschlösser zu
verwirklichen

他们梦想着在空中实现所有这些城堡

Sie sind gezwungen, an die Gefühle und den Geldbeutel der Bourgeoisie zu appellieren

他们不得不迎合资产阶级的感情和钱包

Nach und nach sinken sie in die Kategorie der oben dargestellten reaktionären konservativen Sozialisten

在某种程度上，他们陷入了上述反动保守社会主义者的范畴

sie unterscheiden sich von diesen nur durch systematischere Pedanterie

它们与这些的不同之处仅在于更系统的迂腐

und sie unterscheiden sich durch ihren fanatischen und abergläubischen Glauben an die Wunderwirkungen ihrer Sozialwissenschaft

他们的不同之处在于他们对社会科学的神奇效果的狂热和迷信

Sie widersetzen sich daher gewaltsam jeder politischen Aktion der Arbeiterklasse

因此，他们强烈反对工人阶级的一切政治行动

ein solches Handeln kann ihrer Meinung nach nur aus blindem Unglauben an das neue Evangelium resultieren

根据他们的说法，这种行为只能是盲目地不相信新福音的结果

Die Owenisten in England und die Fourieristen in Frankreich stehen den Chartisten und den "Réformisten" entgegen

英国的欧文派和法国的傅立叶派分别反对宪章派和"改革派"

Stellung der Kommunisten zu den verschiedenen bestehenden Oppositionsparteien
共产党人对现有各反对党的立场

Abschnitt II hat die Beziehungen der Kommunisten zu den bestehenden Arbeiterparteien deutlich gemacht
第二节明确了共产党人同现存工人阶级政党的关系

wie die Chartisten in England und die Agrarreformer in Amerika
例如英国的宪章派和美国的土地改革派

Die Kommunisten kämpfen für die Erreichung der unmittelbaren Ziele
共产党人为实现眼前目标而斗争

Sie kämpfen für die Durchsetzung der momentanen Interessen der Arbeiterklasse
他们为维护工人阶级的一时利益而斗争

Aber in der politischen Bewegung der Gegenwart repräsentieren und kümmern sie sich auch um die Zukunft dieser Bewegung
但在当前的政治运动中，他们也代表并照顾着该运动的未来

In Frankreich verbünden sich die Kommunisten mit den Sozialdemokraten
在法国，共产党人与社会民主党人结盟

und sie positionieren sich gegen die konservative und radikale Bourgeoisie
他们把自己定位为反对保守和激进的资产阶级

sie behalten sich jedoch das Recht vor, eine kritische Position gegenüber Phrasen und Illusionen einzunehmen, die traditionell aus der großen Revolution überliefert sind
但是，他们保留对传统上从大革命中流传下来的短语和幻想采取批评立场的权利

In der Schweiz unterstützt man die Radikalen, ohne dabei aus den Augen zu verlieren, dass diese Partei aus antagonistischen Elementen besteht
在瑞士，他们支持激进党，同时又不忽视这个党由敌对分子组成的事实

teils von demokratischen Sozialisten im französischen
Sinne, teils von radikaler Bourgeoisie
一部分是民主社会主义者，一部分是法国意义上的激进资产阶
级

In Polen unterstützen sie die Partei, die auf einer
Agrarrevolution als Hauptbedingung für die nationale
Emanzipation beharrt
在波兰，他们支持坚持将土地革命作为民族解放的首要条件的
政党

jene Partei, die 1846 den Krakauer Aufstand angezettelt
hatte
1846年煽动克拉科夫起义的政党

In Deutschland kämpft man mit der Bourgeoisie, wenn sie
revolutionär handelt
在德国，只要资产阶级以革命的方式行动，他们就同资产阶级
斗争

gegen die absolute Monarchie, das feudale Eichhörnchen
und das Kleinbourgeoisie
反对君主专制、封建乡绅和小资产阶级

Aber sie hören nicht auf, der Arbeiterklasse auch nur einen
Augenblick lang eine bestimmte Idee einzuflößen
但是，他们从未停止过向工人阶级灌输一种特定的思想

die klarste Erkenntnis des feindlichen Antagonismus
zwischen Bourgeoisie und Proletariat
尽可能清楚地承认资产阶级和无产阶级之间的敌对对立

damit die deutschen Arbeiter sofort von den ihnen zur
Verfügung stehenden Waffen Gebrauch machen können
这样德国工人就可以立即使用他们所掌握的武器

die sozialen und politischen Bedingungen, die die
Bourgeoisie mit ihrer Herrschaft notwendigerweise
einführen muss
资产阶级及其至高无上地位必然引入的社会和政治条件

der Sturz der reaktionären Klassen in Deutschland ist
unvermeidlich
德国反动阶级的垮台是不可避免的

und dann kann der Kampf gegen die Bourgeoisie selbst
sofort beginnen

然后，反对资产阶级本身的斗争可能会立即开始

Die Kommunisten richten ihre Aufmerksamkeit hauptsächlich auf Deutschland, weil dieses Land am Vorabend einer Bourgeoisie Revolution steht

共产党人把注意力主要转向德国，因为德国正处于资产阶级革命的前夜

eine Revolution, die unter den fortgeschritteneren Bedingungen der europäischen Zivilisation durchgeführt werden muss

一场必然在欧洲文明的更先进条件下进行的革命

Und sie wird mit einem viel weiter entwickelten Proletariat durchgeführt werden

它必然要与更发达的无产阶级一起进行

ein Proletariat, das weiter fortgeschritten war als das Englands im 17. und Frankreichs im 18. Jahrhundert

无产阶级比17世纪的英国和18世纪的法国更先进

und weil die Bourgeoisie Revolution in Deutschland nur das Vorspiel zu einer unmittelbar folgenden proletarischen Revolution sein wird

因为德国的资产阶级革命只不过是紧随其后的无产阶级革命的前奏

Kurz gesagt, die Kommunisten unterstützen überall jede revolutionäre Bewegung gegen die bestehende soziale und politische Ordnung der Dinge

简言之，各地的共产党人都支持反对现存社会和政治秩序的每一次革命运动

In all diesen Bewegungen rücken sie als Leitfrage die Eigentumsfrage in den Vordergrund

在所有这些运动中，他们把财产问题作为每个运动的主要问题带到了前面

unabhängig davon, wie hoch der Entwicklungsstand in diesem Land zu diesem Zeitpunkt ist

无论当时该国的发展程度如何

Schließlich setzen sie sich überall für die Vereinigung und Zustimmung der demokratischen Parteien aller Länder ein

最后，他们到处为各国民主党派的联合和协议而努力

Die Kommunisten verschmähen es, ihre Ansichten und Ziele zu verheimlichen

共产党人不屑于隐瞒他们的观点和目标

Sie erklären offen, dass ihre Ziele nur durch den gewaltsamen Umsturz aller bestehenden gesellschaftlichen Verhältnisse erreicht werden können

他们公开宣称，只有通过强行推翻所有现存的社会条件，才能达到他们的目的

Mögen die herrschenden Klassen vor einer kommunistischen Revolution zittern

让统治阶级在共产主义革命中战战兢兢

Die Proletarier haben nichts zu verlieren als ihre Ketten

无产者除了他们的锁链之外，没有什么可失去的

Sie haben eine Welt zu gewinnen

他们有一个世界可以赢得

ARBEITER ALLER LÄNDER, VEREINIGT EUCH!

各国劳动人民，团结起来！

www.ingramcontent.com/pod-product-compliance
Lightning Source LLC
Chambersburg PA
CBHW011743020426
42333CB00024B/3012